賢く貯めて、
上手に資産運用

はじめての人の

日本版不動産投資信託

J-REIT

基礎知識&儲け

のポイント

北野琴奈 ファイナンシャル・プランナー

Subarusya

はじめに

「個人の方が不動産に投資する」——。

以前は、ごく一部の富裕層の方が中心となって行なわれていた不動産投資。

ところが今は……少し様子が変わりました。**税制や法改正など、不動産市場を取り巻くさまざまな環境が整ってきたことで、一般の会社員の方や主婦の方なども資産形成の1つとして興味を持ち始めています。**

とはいえ、不動産投資というと、今でもまだバブル時代のイメージが先行し、「派手だ」「危なそうだ」といった負のイメージを持たれている方も少なくありません。

そういう側面も否めませんが、現在の日本における不動産投資は、意外と地道にコツコツと収益を得るスタンスです。基本的には、毎月の賃料収入を目的にしており、短期間でキャピタルゲイン（値上がり益）を狙うバブル時代のものとは一線を画します。

2007年～2009年頃の世界中を席巻したサブプライムローン問題や、リーマンショックといった暗黒の金融危機時に株式投資やFX投資をされていた方たちが、「安定した収益を得られる」ということで、不動産投資に注目し始めたことは新鮮でした。

ただし、そこには「投資金額」という大きな壁もあったのです。

不動産に投資するといっても、実物不動産の場合は、金額も一般に数百万円〜がほとんどで、場合によっては数千万円や億単位になることも。多くの方は銀行等の金融機関から融資を受けるわけですが、それでも高額の借入には不安がつきまといます。

そうしたなかで、少額からスタートできる『Jリート』が誕生したことは、個人投資家の参入に拍車をかける画期的な出来事でした。

基本的にこの金融商品は、株式投資やFX投資のように頻繁に売買するものではなく、中長期投資でインカムゲイン（資産を保有することで得られる収入）を狙います。つまりは定期的に分配金を受け取る金融商品です。


正直に申しますと、『Jリート』はまだまだ投資の世界では〝新参者〟であること、また株式投資やFX投資に比べて、投資初心者の方が、その仕組みや運用方法等を理解するのは、少々小難しいと感じることでしょう。

現に、私のセミナーでも「興味はある。でも、よくわからないから躊躇している」といった声を聞きます。自分の大切なお金を何だかよくわからないものに投資することはできない。当然ですよね。ただ『Jリート』は、必要な知識やルール等を身につければ、**効率的に、且つ着実にお金を増やしていくことも不可能ではありません。**本書は、初めての方でも理解して頂けるように、極力わかりやすく解説することに努めました。

まず第1章では、不動産市況の過去と現在、さらに国策のお話も交えつつ、「なぜ今、個人投資家の間で『Jリート』が熱いのか？」といった点にフォーカスしています。

続く第2章は、仕組みや特性、魅力といった押さえておきたい基本的な知識や情報等に触れていますので、ここでこの金融商品の全貌が見えてくるはずです。株式や実物不動産との違いもご理解頂ければと思います。

第3章では、現時点で東京証券取引所に上場しています53銘柄のなかから、自分が投資する銘柄を選ぶ際に「どのような視点を持つべきか」「着目すべき点はどこか」などといったことを〝体系的〟にまとめました。中長期的に成長していく『Jリート』を見極めるうえで、いくつかの押さえておくべきポイントも紹介しています。

第4章は、リスクに関するお話です。いくら「関心度が高い」「魅力がある」とはいえ、やはりそこは金融商品。当然にリスクはあります。金融商品ゆえのリスク、不動産投資ならではのリスク……双方の視点から、気をつけるべきことを解説しました。

第5章は、投資するにあたり、押さえておくと有効なデータや指標、その見方などにページを割いています。最終章では、『Jリート』で儲ける、いわば分配金収入をアップさせるコツを、私の実体験に基づいた持論も絡めつつ、ご紹介しました。

私自身は、実物不動産から入り、その後『Jリート』も含めた運用をしています。同じ不動産投資でも、双方の類似点や相違点を知ることで〝新たな気づき〟に出逢い、またそれらはお互いのメリット・デメリットを補い合うことも可能にしています。

本書が1人でも多くの方に読んで頂き、『Jリート』へ投資するうえで、何かお役に立つことができれば、これほど嬉しいことはございません。

2015年9月吉日

北野　琴奈

第1章 注目の金融商品『Jリート』その波が確実に来ています!!

第2章

絶対に押さえておく!! 基礎知識と特性&運用の仕組み

CONTENTS

第3章

銘柄選びのポイントから売買ルールまでを把握しておこう

第4章 必ずリスクを理解する!! 投資に参加する者の鉄則です

第5章

的確な投資判断をするためにデータ分析・検証は欠かせない!!

CONTENTS

第6章

読んで納得!! 学んで実践!! 目指すは分配金収入アップ

※本書に記載された数値、ならびに各銘柄のデータ等は、２０１５年７月時点のものです。

※本書に記載された内容は、情報の提供のみを目的としています。投資や運用における判断は、読者各位の責任においてお願い致します。本書の情報を用いた運用の結果は、著者、ならびにすばる舎は免責とさせて頂きます。

装丁／菊池 祐
本文デザイン／藤本いづみ
写真提供　　／安友写真事務所・安友康博

第1章

注目の金融商品『Jリート』その波が確実に来ています!!

変わり始める資産運用の在り方。今、世代を超えて『Ｊリート』が熱い!!

時代とともに不動産投資への関心度が高くなっています

少し前までは、土地持ちや資産家でもない一般の方が「不動産で資産運用する」というと訝《いぶか》しがられました。「何だか怪しい」「うさんくさい」などと、不動産投資に対するイメージがあまり良くない風潮が、そこにはあったからです。

「今は？」……そうした風潮も、ずいぶんと少なくなりました。むしろ効率的にお金を増やしていく方法として関心を持つ方が増えています。

現に、書店へと足を運べば、不動産投資を題材にした書籍や雑誌が所狭しと陳列されていますし、コーナーを設けているケースも。さまざまなメディア媒体等で「サラリーマン大家で儲ける!!」「主婦でもできる不動産投資術」などといったうたい文句を目にされた方も多いのではないでしょうか。

そもそも不動産投資に関心を持つ方が増えてきたのは、2000年代に入ってすぐの頃です。きっかけの1つに、1冊のベストセラー書籍の存在が挙げられます。

発売から15年以上経った今も〝資産運用のバイブル〟として、多くの方に愛読されている『金持ち父さん 貧乏父さん』（ロバート・キヨサキ／シャロン・レクター：筑摩書房刊）です。じつは私も、この書籍に感化され、不動産投資の勉強を始めた1人でした。

ところで、2000年以前の不動産市場はどのような状態だったのか――。

時代背景とともに、ちょっと触れておきましょう。

それ以前の不動産市場は、80年代後半～90年代初めにかけての「バブル＆バブル崩壊」といった日本経済の栄光の時代、そして低迷期。この両面を経験しています。

バブルの頃は、「不動産は何であっても必ず値上がりする」という土地神話のもと、一般の方がキャピタルゲイン（値上がり益）だけを目的に、ローンを組んで不動産を売買することが、当たり前のように行なわれていました。

今では考えられませんよね。でも、当時は賃料収入などのインカムゲイン（資産を保有することで得られる分配金や配当金による利益）としての収益性は関係なく、不動産価格のみがどんどん上昇していく——そんな異様な時代だったのです。

その後、行き過ぎた不動産価格の高騰を抑えるために、国が金融機関に対して指導を行ない、不動産関連への融資が引き締められました。これを境に、日本の不動産市場は長期低迷への道を歩むことになったのです。

バブル崩壊後の90年代では、もともとの土地持ちや資産家が「土地の所有」から、相続対策等も含めた「土地の活用」へと移行し始めます。結果、賃貸経営をすることが主流になりました。基本的に金融機関は、土地を担保にできたり、豊富な資金力がある方のみにしか融資を行なわなくなります。そのため一般の方が「自宅以外の不動産を購入して、それを資産運用しよう」などと考えることは、皆無に等しい時代でした。


そうしたなか〝転機〟が訪れます。

不動産の評価法として、日本で**「収益還元法」**が定着し始めたのです。

詳細は後述しますが、これは**「土地や不動産を活用した結果、得られる利益に着目して価格を設定する方法」のことで、すでに海外では取り入れられていました。**

日本でも2000年前後から徐々に浸透し始め、不動産の資産価値をはかる方法として重視されるようになったのですが、マイホームといった実需を含めた不動産市場全体に目を向けると、まだまだ主流には至っていません。

とはいえ、少なくともこれから解説する『ＲＥＩＴ（不動産投資信託）』を含めた現在の不動産投資のマーケットでは重視されているのは事実です。収益還元法も併用して、融資審査を行なう金融機関が出始めたことで、個人が手掛ける実物不動産への投資が拡大し、今では「不動産投資はインカムゲイン」という考えが定着しています。

『Ｊリート』のメリットが個人投資家の参入に拍車をかける

「『ＲＥＩＴ』とは何か」――。まずはここからご説明しましょう。

簡潔に述べると、**「多くの投資家（企業や個人など）から資金を集め、オフィスビルや商業施設、マンション等の複数の不動産を購入・運用し、そこから得られる物件の賃料収入や売買益を投資家たちに分配する金融商品（投資信託）」のことです。**

「投資信託」と聞くと……株式や債券等の有価証券を組み入れて運用するものをイメージされる方が多いはず。『ＲＥＩＴ』は、有価証券の代わりに、オフィスビルや商業施設、マンション等の不動産を組み入れて運用していく投資信託の1つです。そのため運用成果の良し悪しは、不動産市況に大きく左右されます。

なお、『REIT』の日本版が、いわゆる『J-REIT（日本版不動産投資信託）』と呼ばれるものです（※以降：Jリート）。本書では『REIT』『Jリート』の双方が出てきますが、「基本原則はどちらも同じ」と捉えてください。

『Jリート』が誕生したのは、2001年。ですから、実物不動産に投資する個人投資家が台頭し始めた時期と重なります。時代とともに、個人の方が不動産に投資することへの認識度は高まりました。ただそうはいっても、実物不動産は金額が大きく、融資が受けられるとしても、ある程度のまとまった資金は必要です。ゆえに「融資を受けてまで投資するのは、ちょっと……」と、躊躇している方も少なくありません。

そうした想いの〝受け皿〟になり得るのが、『Jリート』なのです。

次ページに『Jリート』の主なメリットを掲示しました。

何といっても少額資金で不動産投資が始められることは、魅力的ですね。

また、複数の不動産に分散投資ができるため、安定性もアリ！　運用・管理はプロが行

»『J-REIT』の主なメリットとは？

①
少額資金で
不動産投資が
始められる!
②
分散投資が
できるため
安定性もアリ!
③
運用・管理は
プロが行なうため
手間が
かからない!
④
比較的高い収益
(分配金)が期待!!
しかも株式
よりも多め!!

ないますので、実物不動産と比べて、手間もかかりません。極めつけは、比較的高い収益（分配金）が期待できることです。

こうしたメリットから、昨今20代～40代の比較的若い世代が『Jリート』に関心を持ち始めています。以前、『Jリート』のイベントのセミナーにてお話をさせて頂きましたが、**従来よりも、女性や若年層の参加者が増えてきたのが、とても印象的でした。**

日本に『Jリート』が誕生して14年。その間に法整備等が進んだことで使い勝手もずいぶんと良くなりました。そのため資産運用に最適な金融商品の1つとして、幅広い世代から、今、注目されています。

2012年末以降は市場も回復。「東証REIT指数」も上昇傾向に！

時価総額10兆円を突破!! 世界第2位の規模へと大躍進

「REIT市場にマネー流入」
「東証REIT指数、年初来高値に迫る!!」

2012年末に第2次安倍内閣が誕生して以降、REIT市場は比較的好調な動きを見せています。各種メディアを通じて流される前出のような言葉が、それを物語っているといえるでしょう。市況が好調であれば、関心を持つ方も増えるので、「さらに資金が流入する」という〝好循環〟が起きていると思われます。

現に、2014年末には『Jリート』の時価総額は、10兆円を突破しました。世界のREIT市場のなかで、第2位のオーストラリアと並ぶ規模です。

リーマンショック後の2009年には、3兆円を下回る時期もあったことを踏まえる

»2011年～2015年の「東証REIT指数」と「TOPIX」を検証!!

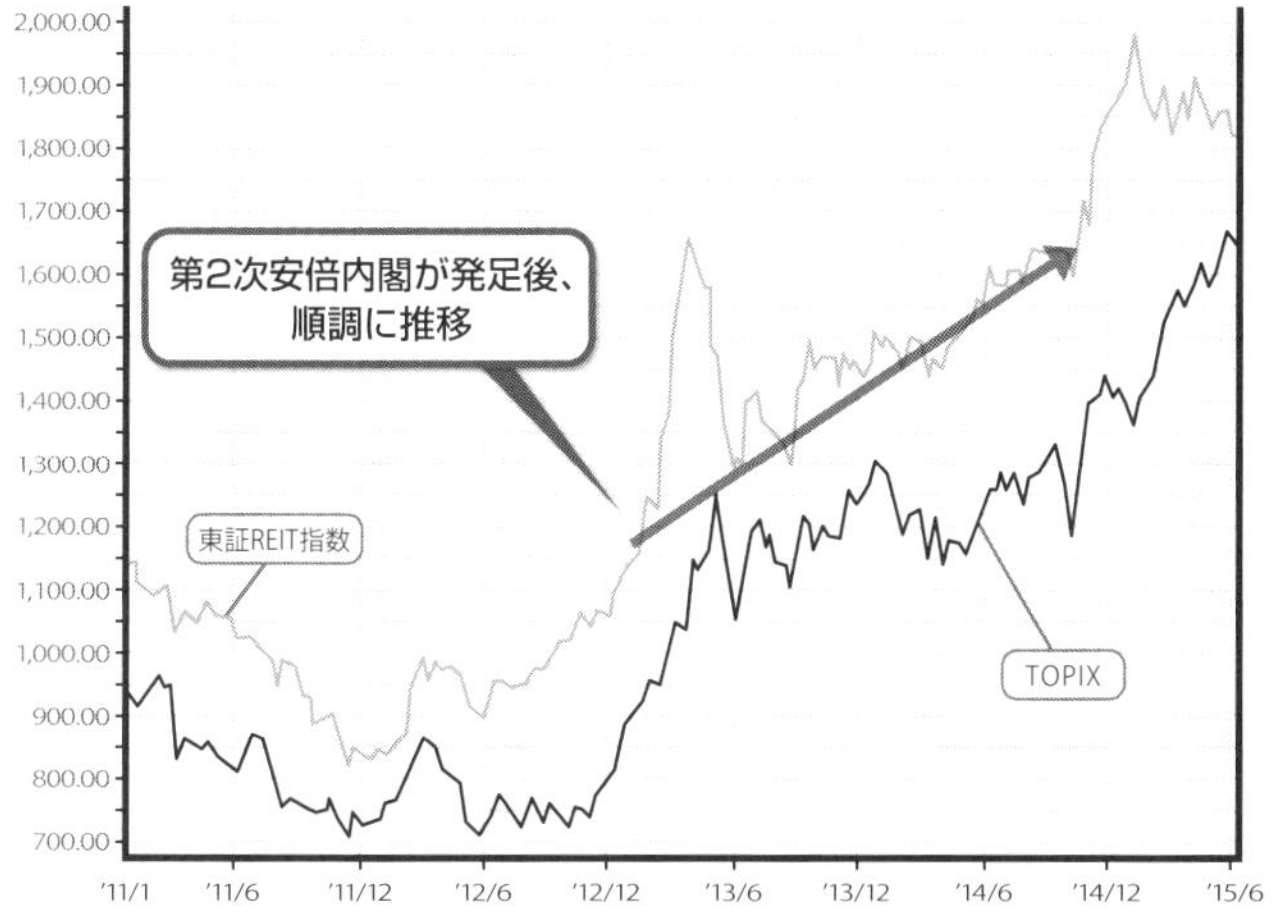

出典：東京証券取引所データより作成

と、この大躍進は目を見張るものがあります。

なお、第1位は『ＲＥＩＴ』の生みの親であるアメリカで、時価総額は70兆円ほどです。

上記のグラフをご覧ください。

「東証ＲＥＩＴ指数（『Ｊリート』の全銘柄を対象とした時価総額加重型の指数）」と「ＴＯＰＩＸ（東証株価指数）」の推移を表しています。

グラフを見ると、２０１２年末以降、順調に上昇を続けているのがわかるはずです。

一方で、特に２０１４年は調整らしい調整がなく、基本的に右肩上がりの状態であったため少し行き過ぎ感がありました。

その後２０１５年に入り、高値をつけたあ

とは足踏み状態で、調整局面ともいえます。目先のところでは少々懸念もありますが、長い目で見ると「将来性が期待できる市場」と感じています。

とはいえ、そこは投資の世界……表面上の数字が良いからといって、すべてをそのまま鵜呑みにはできません。ここは留意してください!!

国のサポートを受けてREIT市場が復活&活性化

今でこそ『Jリート』は、「安定性と比較的高い収益が期待できる金融商品」として認知されつつありますが、**2001年の誕生から今日に至るまでの道程は、決して平坦なものではなかったのです。この十数年の間に市場の激動を幾度も経験しています。**

なかでも顕著なのが、2007年のサブプライムローン問題と、翌年のリーマンショックでした。2つの〝大きな試練〟は、REIT市場にも暗い影を落としたのです。

東証REIT指数は、2007年5月下旬に最高値2612・98を、翌年10月下旬には最安値704・46をつけ、わずか1年半たらずで70%以上の急落。金融機関による資金の貸し渋りが顕在化し、投資法人は借り換え困難、資金繰り悪化の事態に陥る始末。

»2003年～2010年の「東証REIT指数」と「TOPIX」を検証!!

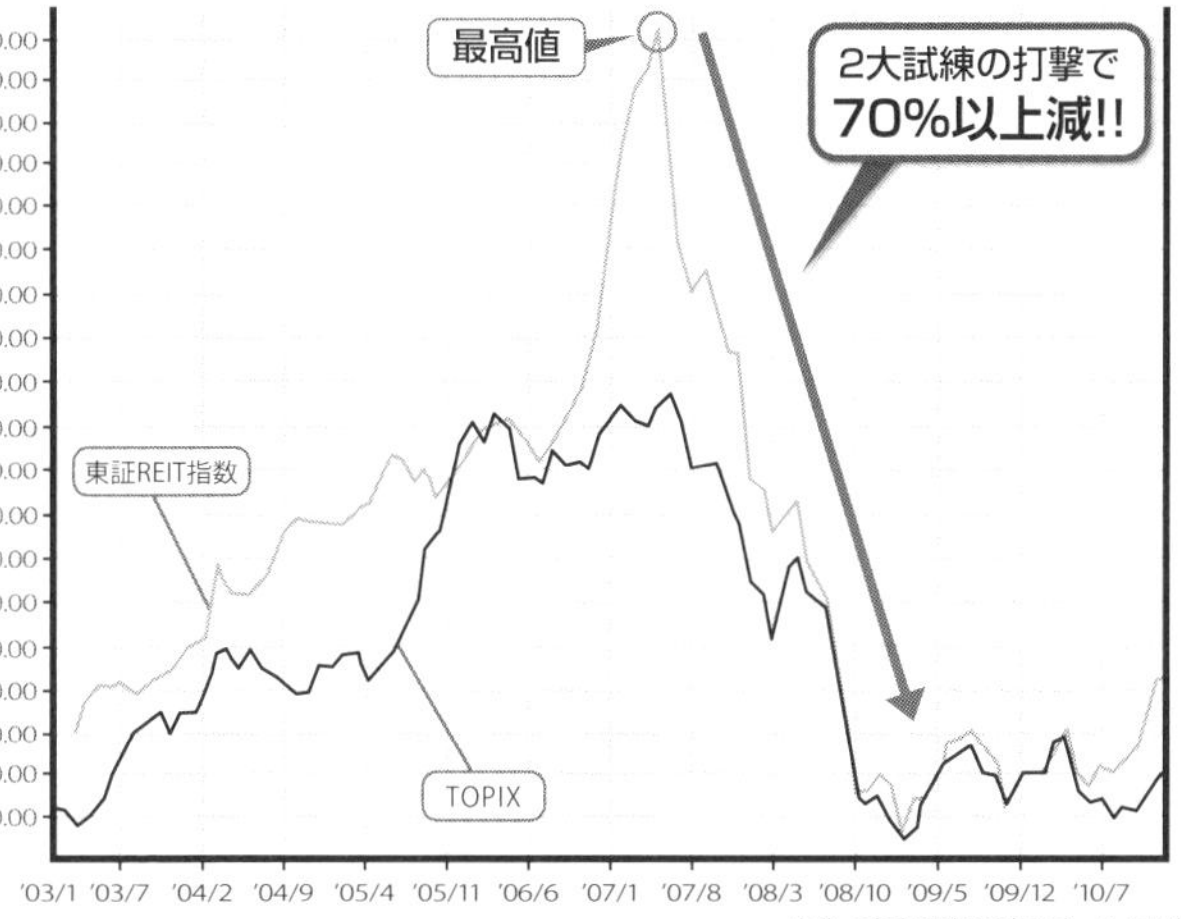

出典：東京証券取引所データより作成

保有不動産は価格が大幅に下がり、売るに売れない状況――次々に起こる負の連鎖に、日本経済は瀕死の状態に陥ります。

そんななか**『Jリート』の1つである『ニューシティ・レジデンス投資法人』が、資金繰りの悪化に伴い、破たんしたニュースは衝撃的でした。**同投資法人は、前日まで黒字決算を出していましたが、取得予定資産の決済資金と借入金の返済資金の調達ができなくなり、倒産へと追い込まれたのです。

『Jリート』は、金融機関から資金を借り入れ、その借り換えを繰り返しながら事業を展開しています。ゆえに金融機関が融資継続をストップしようものなら、たちまち運転資金が底をつく厳しい実情があったのです。『Jリート』の破たんが連鎖すれば、不動産市況にも多大な悪影響を及ぼします。

そこで動いたのは、国でした。負の連鎖を断ち切り、再び不動産市況を回復させることを目的に、国がREIT市場を全力でサポートする政策を積極的に導入したのです。

具体的には、民間の金融機関や不動産会社などと連携して、『不動産市場安定化ファンド』といういわゆる〝官民ファンド〟を立ち上げました。

これは償還期限を迎える投資法人債（社債）の償還が滞りなく行なえるよう、必要があれば融資する制度のことです。収益は上がっているにもかかわらず、資金繰りができないために企業が破たんすることを防ぐ狙いがありました。

そのほかにも、国が推し進める政策には、REIT市場の活性化が期待できそうなものが、いくつかあります。安倍政権が掲げる「日本再興戦略」も、その1つ。

この戦略では、「訪日外国人旅行者数を2020年には年間2000万人の高みを、2030年には年間3000万人を超えることを目指す」といった成果目標が掲げられています。こうした試みは、もともと2003年から始動しており、それを着実に実現する動きです。当時の訪日外国人旅行者数は500万人程度でしたが、2014年には史上初の1000万人を突破‼ 観光業にとっては、まさに追い風ブームの到来です。

REIT市場への影響面では、直接的な恩恵を受けるであろう宿泊施設や商業施設はもちろん、オフィスビルや住宅市場にも波及効果が及ぶことでしょう。

なお前出の戦略には、有料老人ホームや介護施設、サービスつき高齢者住宅、病院等の施設を組み込む『ヘルスケアリート』の普及も目標に掲げられています。

2014年に、初めて『ヘルスケアリート』の銘柄が、東京証券取引所に上場しました。今後もいくつかの銘柄の上場が予定されています。新しい動きとして注目ですね。

やがて訪れる超高齢化社会――。そのために高齢者専用の施設等を充実させることは急務です。しかしながら、需要に対して供給が追いついていない実情もあります。

この打開策の1つとして、国は投資家から資金を集めることが可能な『Jリート』で、上手く対応していこうと考えているのです。

さまざまな国策に加え、私たちの年金を運用する年金基金の『GPIF(年金積立金管理運用独立行政法人)』も、Jリート購入を開始する動きを見せています。

ついに、あの日銀が動いた!!
買い入れ枠の拡大で市場に資金が集中

「年間３００億円」→「年間９００億円」に金額を大幅にアップ

２０１４年10月末に発表された日銀の追加金融緩和――。

通称「黒田バズーカ第2弾」とも呼ばれる施策の発表は、市場にとっては意表を突くサプライズだったこともあり、一時的に円安・株高が急速に進みました。

この日銀の施策では、年間60兆円〜70兆円だった資金供給量を80兆円にまで拡大することが発表されたのですが……２０１４年9月時点で資金供給量は過去最高に達していたこともあり、**この増額は〝異次元の世界〟へと足を踏み入れたといえます。**

日銀のサプライズは、ＲＥＩＴ市場にも大きな影響を及ぼす出来事でした。

それまでの買い入れ枠である年間３００億円が、３倍の年間９００億円とすることに

»REIT市場にも大きな影響を及ぼした日銀のサプライズ

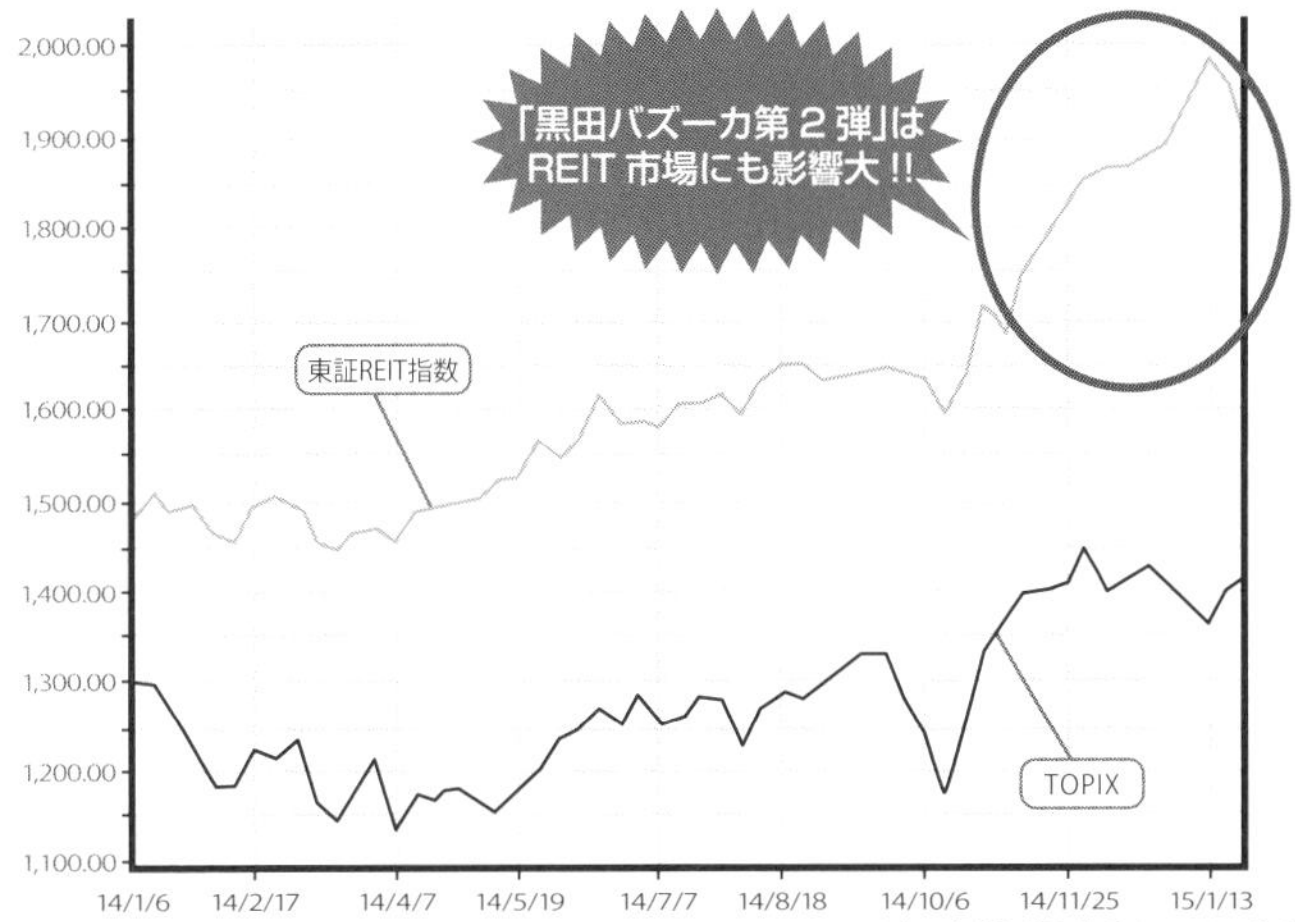

出典：東京証券取引所データより作成

なったのです。金額を拡大しての追加緩和は好感され、発表後から年末にかけて「東証ＲＥＩＴ指数」は、さらに勢いよく上昇していくことになりました（上記グラフ図参照）。

リーマンショック後の市場がようやく落ち着きを取り戻し、加えて金融機関の過度な融資の引き締めも緩和され、不安感が払拭されつつあったなかでの日銀のサプライズ——。

以降も**日銀の買い入れは継続して行なわれており、アナウンス効果も含め、ＲＥＩＴ価格下落の下支えになっています。**

ただし日銀は、『Ｊリート』ならば、どの銘柄でも購入するわけではありません。

以下の２つの条件を満たす銘柄のみです。

条件①：格付け機関がつける判定が「AA格相当以上」である
条件②：買い入れ額は「発行残高の5％限度」

各投資法人にとっては、日銀が購入する対象の銘柄になれば、投資口価格（※）の下支えになることや、ほかからの資金流入が期待できるなど、メリットも大きいことから「条件を満たしたい!!」と〝切望〟するところも少なくありません。

※投資口価格……株式会社の「株価」に相当するもの

日銀の今後の動向は絶対に見過ごせない!! 大切な情報です

2つの条件に関して、補足説明をしておきましょう。

まず条件①の「格付け機関」に関してですが、指定はありません。どこかのものを1つでも取得すれば良いことになっています。そのため格付けの査定が甘いところに依頼が集中する傾向が強いようです。

条件②の「買い入れ額」の限度は、2010年に買い入れが始まった当時からの条件であるため、ＡＡ格相当銘柄のなかには、その限度に近づいてきているものもあります。ということは、もしこの条件が変わらないのであれば、今後、日銀が購入できる銘柄の選択肢は限りなく狭まっていくことでしょう。

「５％という限度枠を広げるのか」

「ＡＡ格相当の基準を緩和するのか」

日銀が、これからどのような対策を講じるかは、まだ不明ですが、「後者の可能性が高い」という見解が多いと聞きます。いずれにしても、**対策の内容次第では、投資口価格にも何かしらの影響を及ぼすことは明白です。注視しておいてください。**

さらに金融緩和の終了後に生じる問題も見過ごせませんね。

「将来、日銀の買い入れ枠がなくなったとき、市場に与えるインパクトは？」「保有資産の売却を始めた場合の受け皿は……？」など、いわゆる「出口戦略」は難しいかじ取りになることが予想されます。アメリカでは一足早く、２０１４年に緩和を終了し、２０１５年には利上げ開始が見込まれています。

今後の動向は、ＲＥＩＴ市場の将来的な展望を考えるうえで参考になるでしょう。

夏季オリンピックが東京に決定!! 日本経済に〝カミカゼ〟が吹く……？

波及効果は全国でおよそ20兆円!! 高まる期待感

２０１３年９月、久々に明るいニュースが日本列島を駆けめぐりました。２０２０年の夏季オリンピックの開催地が、東京に決まったのです。それに伴い、関連企業の株価にも上昇が見られるなど、世界規模のビッグイベントによって、日本経済に〝カミカゼ〟が吹くことを、日本中が期待しています。

現在は、経済全体も落ち着きを取り戻しましたが、根底にある期待感は、未だ継続しているといえるでしょう。２０２０年が近づくにつれて、報道等も多くなり、進捗状況を見聞きする機会が増えれば、再び高揚感に包まれそうです。

「森記念財団都市戦略研究所」によると、東京オリンピック・パラリンピック招致委員会公表の数字と合わせ、日本経済への波及効果は、全国でおよそ20兆円になると試算しています。雇用面でも、およそ120万人の雇用創出が見込めると踏んでいる点からも、期待値の高さがうかがえます。競技施設や宿泊施設の建設、その他既存施設やインフラ整備等の必要性までも考慮すると、関連企業への影響ははかりしれません。

少し視点は変わりますが、今回の東京オリンピック開催決定のニュースは、外国人にとってもインパクトがありました。

最近の円安による影響もあるのですが、もともと自国に比べて割安な日本の不動産に注目し、次々と購入する外国人たちが増えています。不動産関連企業のなかには、こうした動きを「ビジネスチャンス‼」と捉え、台湾や香港などへ足を運び、販売促進等のセミナーを積極的に開催しているところもあるようです。

世界規模のお祭り後に待ち受けている〝大きな落とし穴〟

「良いことずくめの東京オリンピック開催」――。

じつは「必ずしもそうとはいい切れない」のが、私の考えです。

たしかに開催前は前述したような波及効果が見込めるでしょう。

問題は「お祭りが終わったあと」……つまりは「開催終了後」です。開催前に、持続的な計画性もなく、むやみに投資だけが盛り上がれば、激しい落ち込みが生じることは否めません。行き過ぎには反動がある。これは〝世の常〟です。

現在、東京都を中心にさまざまな開発計画が進められていますが、一過性の需要ではなく、持続できるか否かの視点を持ってください。

『Jリート』の場合は、基本的に投資スタイルは中長期です。ゆえに「開発して終わり」ではなく、そこから始まる賃料収入等で得られる収益が、投資家への分配金になることを忘れてはいけません。

この収益には、当然ながら需給バランスが大きく影響します。

一時的に話題性があったとしても、そのあとに「使われない」「需要が見出せない」不動産では、みるみるうちに資産価値は落ちていくでしょう。賃料収入が収益のベースになる『Jリート』においては、むしろ一時的な勢いは危険です。

需要が見込めるか否かは、築年数ももちろん関与してきます。だからといって、安易に「新しいから良い」と考えるのは早計です。

「本当に利用価値があるのか？」
「どれくらい利用価値を維持することが可能なのか？」
「どう付加価値をつけて、さらに希少性や利便性を高めるのか？」
などといった点を分析・検証し、有効な活用法の有無をきちんと見定めていく姿勢が求められます。この姿勢は、各銘柄を検討する際にも欠かせません。

なかには「2020年までの2年ないし、3年スパンで勝負する‼」と、意気込んでいる方もいますが、その場合も中長期スタンスの姿勢は理解しておきましょう。

2005年～2006年頃、東京を中心に「ミニバブル」と呼ばれる時期がありました。名古屋でも好況にわき、大規模なビルが次々と建てられ、「不動産の資産価値も上昇していくだろう」と、誰もがそう期待していました。

ところが、いざフタを開けてみると、**供給サイドの短絡的な考えに基づいて進められた計画の結果、需給バランスが一気に悪化し、賃料等の値崩れが多発したのです。**

事実、地主やオーナーなどの賃貸経営をされている方たちから、「空室が増えた」「家賃減少の落ち込みがひどすぎる」といった嘆きをよく聞きました。

巷では「景気が良くなっている」と、囁かれていた時期だったにもかかわらずです。

このように、**需給バランスが崩れることで、利用価値が減少し、さらには資産価値の低下にもつながります。**東京オリンピック開催は、日本経済はもちろん、不動産市場にも好影響を及ぼすことでしょう。ただ、経済効果を期待する方がいる一方で、すでに賃貸経営をされている方のなかには、名古屋で起きた出来事などを教訓に「供給が多くなり過ぎて需給バランスが悪化するのではないか」と、冷静に捉えている方もいます。

悲願の東京オリンピック開催まで、あと5年——。

これから開発は本格化し、目に見える形になってきます。今はまだ期待先行で動いているように見受けられますが、2020年が近づいてくれば、今度は「オリンピック後はどうなるか?」といった議論がわき起こるはずです。今の期待感が上手く循環しているうちに、持続可能な本当の意味での成長が強く望まれます。

今回のオリンピック開催が、そのきっかけになることを願いますが、投資する立場としては、冷静に〝客観視〟することも肝要です。

»世界規模のビッグイベント後に待ち受けているのは……!?

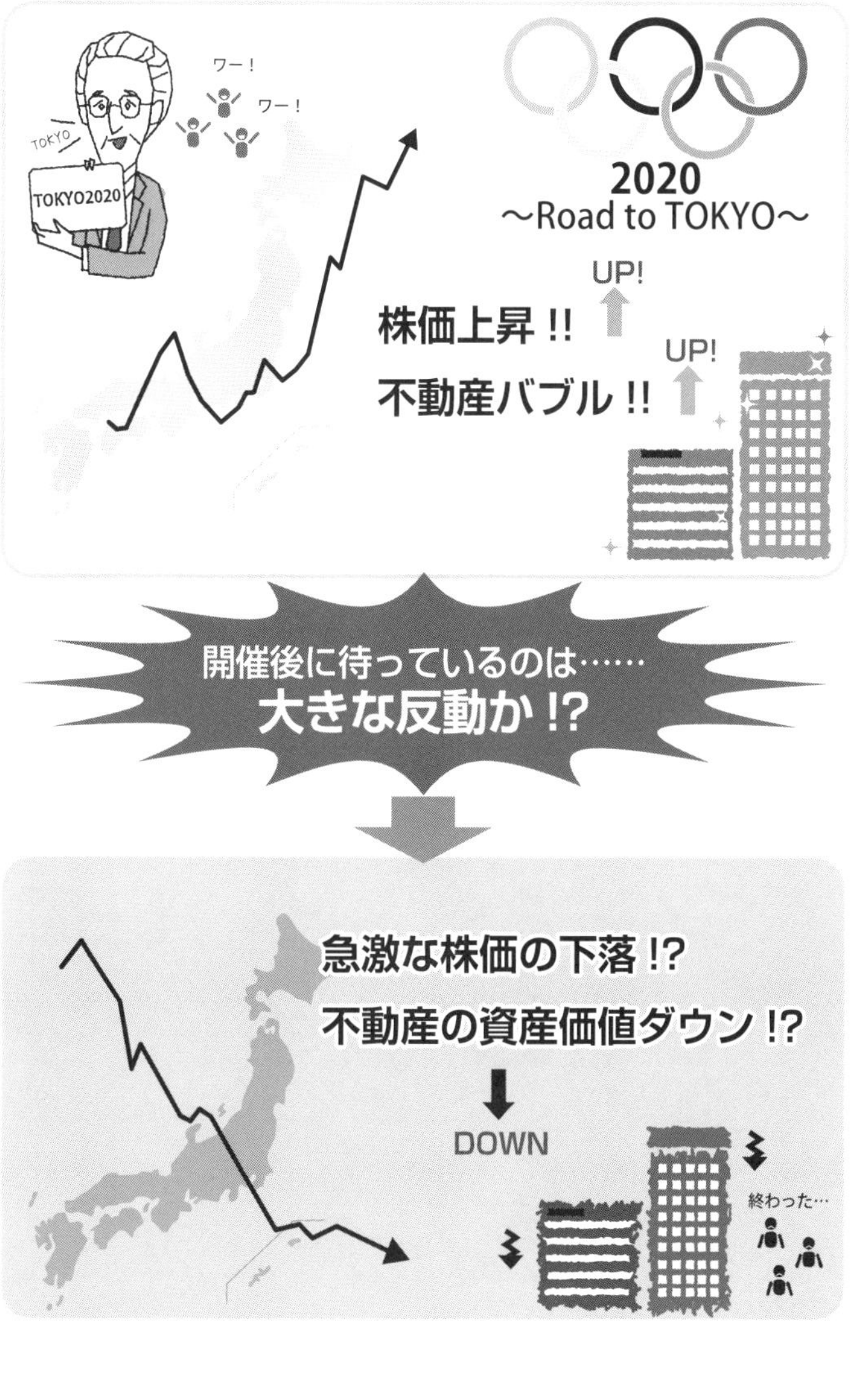
ワー！
ワー！
TOKYO
TOKYO2020
2020
〜Road to TOKYO〜
UP!
株価上昇 !!
UP!
不動産バブル !!
開催後に待っているのは……
大きな反動か !?
急激な株価の下落 !?
不動産の資産価値ダウン !?
DOWN
終わった…

「最長5年間は非課税」――。『NISA』の登場で注目度アップ

中長期投資の『Jリート』と『NISA』は相性抜群のコンビ

個人投資家の方たちが、『Jリート』に注目し始めたきっかけの1つに、「個人向け少額投資非課税制度」――いわゆる『NISA（ニーサ）』の存在が挙げられます。

簡潔に述べると、**「上場株式や株式投資信託等の分配金（配当金）や売買益等に税金がまったく課されないという個人投資家のための新しい税制優遇制度」のことです。**

その対象となる金融商品は、「上場株式や株式投資信託等」となっていますが、個別の『Jリート』はもちろん、『REIT』を投資対象とした『ファンド・オブ・ファンズ』『ETF（上場投資信託）』、海外の『REIT』も含まれます。

ここからは『NISA』の特徴と注意点に触れておきましょう（次ページ図参照）。

»きっちり押さえておこう!!『NISA』の特徴と注意点

『NISA』の特徴

① 口座開設期間は2014年～2023年まで
10年間利用が可能！（期間限定制度）

② 譲渡益・配当金などが
非課税に！

③ 非課税投資枠は
毎年上限 100万円まで！
（2016 年から ⇒ 120万円）

④ 非課税期間は1つの枠で
最長5年間！

⑤ 日本国内に居住する
20歳以上が対象！

『NISA』の注意点

❶ **他証券口座との損益通算はできない**

❷ **売却は可能だが、**
非課税枠の再利用は不可

『ＮＩＳＡ』は、２０１４年1月からスタートしました。

日本国内に居住する20歳以上であれば、誰でも口座開設は可能です。

ただし、**口座は1人1つに限定されており、複数の開設はできません。非課税投資枠の上限は、現時点では「1人あたり年間100万円まで」となっているため、これを超える金額には税金が課されます。**ただ、２０１５年度の税制改正大綱では「２０１６年より１２０万円」とする旨が盛り込まれました。

非課税期間は最長５年間、非課税投資総額は最大５６０万円です。その後さらに5年間は、非課税口座を継続できます。つまり向こう10年間は、『ＮＩＳＡ』を利用することができるわけです。この期間を恒久化しようという意見や、そのほかの点でも拡充が検討されていますので、今後の動向に注目してください。

なお『ＮＩＳＡ』は、途中で売却すると「非課税枠を使った」と見なされ、再利用することができません。

たとえば、「ＮＩＳＡ口座」で１００万円分の株を買ったとします。そのうちの25万円分を売却した場合、非課税枠は残りの75万円分のみ。つまり短期間で商品の売買を繰り返す短期投資のスタイルには不向きで、基本的に中長期投資のスタイルに適した制度といえます。

またその活用法も、インカムゲインとキャピタルゲインの両面からのアプローチが考えられます。これは「安定した配当を中長期に渡って受け取ることをメインにする」、もしくは「将来のキャピタルゲインを狙うことに重きを置く」ということです。

前者に関しては、**安定性と比較的高い収益が期待できる『Jリート』の特性とも相性が良く、個人投資家が『NISA』で運用するのに適している**といわれています。

『Jリート』の特性については、次章以降でお話しします。

投資法人の方針を知る材料。投資口価格と分割の関係は注視!!

ここで『Jリート』を運営する側の視点にも、ちょっと立ってみましょう。

株式にもいえますが……一般に機関投資家や外国人に比べて、個人投資家はその企業のファンになると、中長期で株式を保有してもらいやすいと期待しており、これは株価安定にも〝寄与する〟と考えられています。

ＲＥＩＴ市場でも、『ＮＩＳＡ』をきっかけに、そのような個人投資家を取り込みたいと考える投資法人は多く、２０１3年末～２０１4年始めにかけて、投資口（※）を分割する動きが多々見受けられました。これは『ＮＩＳＡ』の非課税投資枠の上限とされる「年間１００万円まで」に対応するためです。

『ＮＩＳＡ』が始まる前は、投資口の分割により1口50万円や60万円、なかには１００万円を超えるものもありましたが、投資口の分割により1口20万円台までの銘柄が増えたことで、個人投資家にとっても選択肢が多くなっています。

※投資口……株式会社の「株式」に相当するもの

ちなみに、『Ｊリート』の〝2トップ〟とされる『日本ビルファンド投資法人』と『ジャパンリアルエステイト投資法人』も、当初1口１００万円を超えていた投資口を2分割して、50万円台としました。もっともこの二大投資法人にとって、個人投資家を多く取り込む必要性が、どこまであったのかはわかりません。ただ、業界のトップが分割したことで、Ｊリート全体へのアナウンス的、広報的な効果はあったでしょうね。

現在、『ＮＩＳＡ』の拡充が検討されるなか、投資口価格と分割の関係を注視しておくことは、各投資法人の今後の方針を知るうえで大切な材料となり得ます。

まだまだスタートして間もない『NISA』ですが、この制度を契機に、今まで投資未経験だった方も口座を開設するケースが増えています。そのなかには口座は開設していたけれど、投資の世界へなかなか踏み込めずにいた方も多いそうです。この方たちに新規の方たちも含めれば、市場へ流れるお金が増えていくのは明らかでしょう。

そして、『NISA』との相性が良い『Jリート』が投資先の候補として挙がることも十分に考えられます。

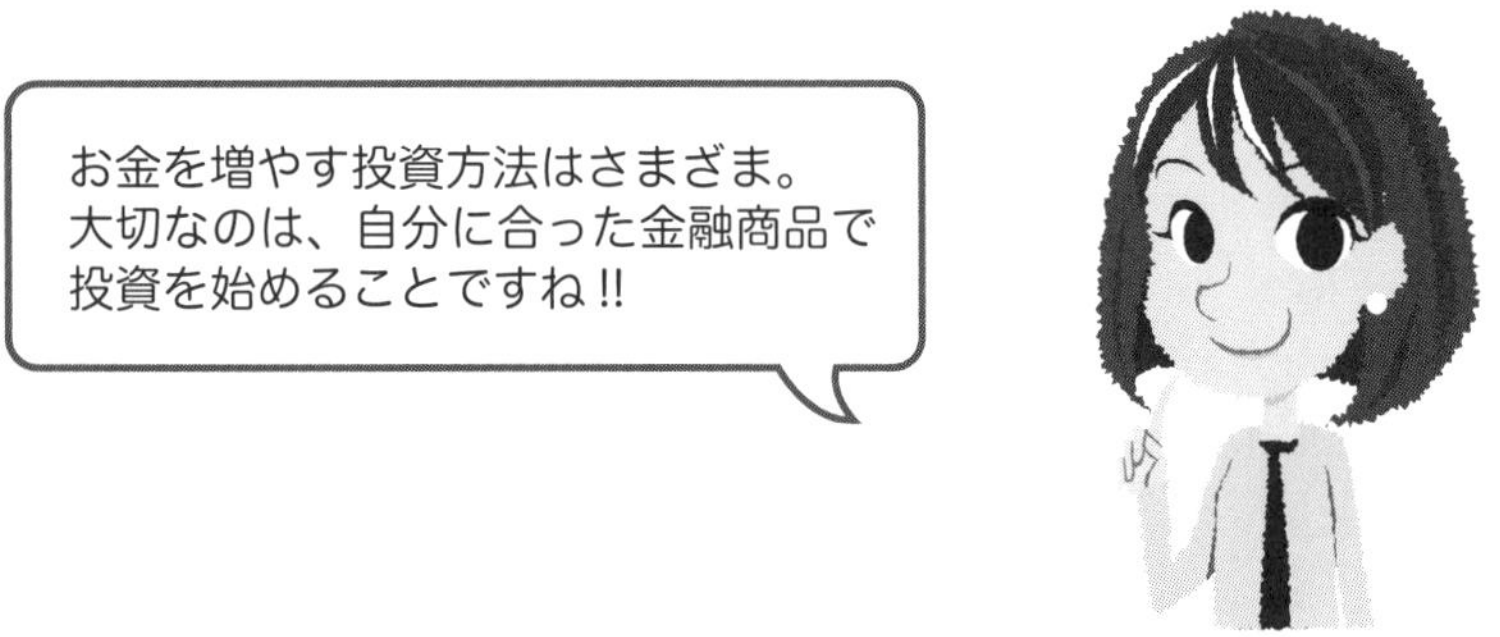
お金を増やす投資方法はさまざま。
大切なのは、自分に合った金融商品で
投資を始めることですね!!

第2章

絶対に押さえておく!!
基礎知識と特性&運用の仕組み

株式	REIT（J-REIT）
会社法	投信法（投資信託及び投資法人に関する法律）
株式会社	投資法人
株主	投資主
株式	投資口
株券	投資証券
株価	投資口価格
社債	投資法人債
株主総会	投資主総会
配当金	分配金
配当利回り	分配金利回り

※媒体によっては、分配金を配当金というなど、混合して使われるケースもある

投資法人	会社型投資信託において、投資家から集められた資金等によって保有・運用を行なう法人
投資主	投資法人(会社型投資信託)における出資者。株式会社の「株主」に相当する
投資口	株式会社の「株式」に相当する
投資証券	投資法人(会社型投資信託)における投資口を表示する証券。株式会社の「証券」に相当する
投資口価格	証券取引所で日々売買される投資口の価格。株式会社の「株価」に相当する
IR	「Investor Relations」の略。企業や投資法人等が投資家に対し、投資判断に必要なさまざまな情報を提供すること

押さえておこう!! 株式と『J-REIT』の違い

	株式（東証一部）	REIT（J-REIT）
上場銘柄数	1894	53
時価総額	約590兆円	約10.5兆円
平均配当利回り	約1.4%	約3.3%
投資スタンス	値上がり益（キャピタルゲイン）重視	分配金（インカムゲイン）重視
収益の源泉	事業内容による	不動産の賃貸・売却益
利益分配	各企業の戦略による	利益の90%超
内部留保	各企業の戦略による	少なめ
増資の頻度	各企業の戦略による	高め
投資金額（個別銘柄）	5万円以下のものも	10万円前後～
取引できる時間帯	平日 9：00～11：30 12：30～15：00	平日 9：00～11：30 12：30～15：00

※2015年7月1日時点

株式と『J-REIT』は似ている点も
ありますが、用語や市場規模、経営スタイル
など、大きく異なる点もあるのできっちり
押さえておきましょう!!

「安定性」と「高い収益が期待大」——。これが『Jリート』の特性です

安定的に賃料収入をゲット!! 先々の収益も見通しが立つ

さて第2章では、『Jリート』の特性や魅力、運用の仕組み、不動産のタイプや特徴など、実際に投資するにあたり、押さえておくべき基本的な知識を解説していきます。

「安定性と比較的高い収益が期待できる」——。

一般的には、これが『Jリート』の特性として挙げられます。

『Jリート』の収益源は、保有物件からの賃料収入（インカムゲイン）と、物件を売却した場合の売却益（キャピタルゲイン）の2つ。主となるのは前者のため、「インカムゲイン商品」ともいわれています。安定性は、この賃料収入の性格に由来するものです。

賃料は、短期間で大きな値動きをすることはほとんどありません。上昇・下落のいずれも動きは緩やかです。仮に何かあったとしても、家賃がいきなり3分の1や半分になることはごく稀なケース。しかも賃貸の契約期間は、マンションやアパートなどの住宅でいえば、基本的に2年程度が主流になっています。

『Jリート』で扱うことの多いオフィスビルや商業施設、物流などでは、さらに長期に渡るケースが多いです。つまり**契約期間という〝縛り〟があり、且つ先々の収益も見通しが立ちやすいので、ほかの金融商品よりも「安定性がある」といえるわけです。**

とはいえ、『Jリート』の特性である安定性が、ときとして、せっかくの収益を上げるタイミングを失ってしまうことも否めません。景気が良くなったからといって、急に賃料を上げられるかというと、それは難しいというもの。

契約期間も固定されているので、少なくとも期間内は上昇の恩恵は受けられません。そのため状況によってはデメリットになってしまうケースもあるのです。

株式とは違い、法人税がゼロ円。丸々分配金が受け取れる

比較的高い収益に関しては、税制面でのルールが投資家に恩恵をもたらします。

通常、一般の株式会社（上場企業）は、事業活動等を通じて得た利益に法人税が課され、そこから内部留保分を差し引いた残り分が、配当金の〝原資〟となります。

ところが、『Jリート』では、**税引き前利益の90％超を投資法人が投資家へ還元する条件を満たせば、実質的に法人税が免除されるのです。**つまり投資家は利益の大部分を分配金として手にすることが可能となります。

ここで簡略化した収支の事例で考えてみましょう（次ページ図参照）。

たとえば、一般の株式会社（上場企業）と投資法人のそれぞれが30億円の収入を得たとします。ここから事業運営費用や支払利息等のコスト（合計20億円）を差し引くと、残りは各10億円で、これが利益となるわけですが……。

一般の株式会社（上場企業）は、ここからさらに法人税（※現行は法人実効税率32％）が課されますので、残金は6億8000万円。これをすべて配当金にまわしたとしても、利益の10億円がそのまま分配金にできる『Jリート』とは大きな違いですね。

配当金と分配金の利回りを比べると、『Jリート』のほうが断然お得だといえます。

»利回りを比較すると……『J-REIT』のほうが断然お得!!

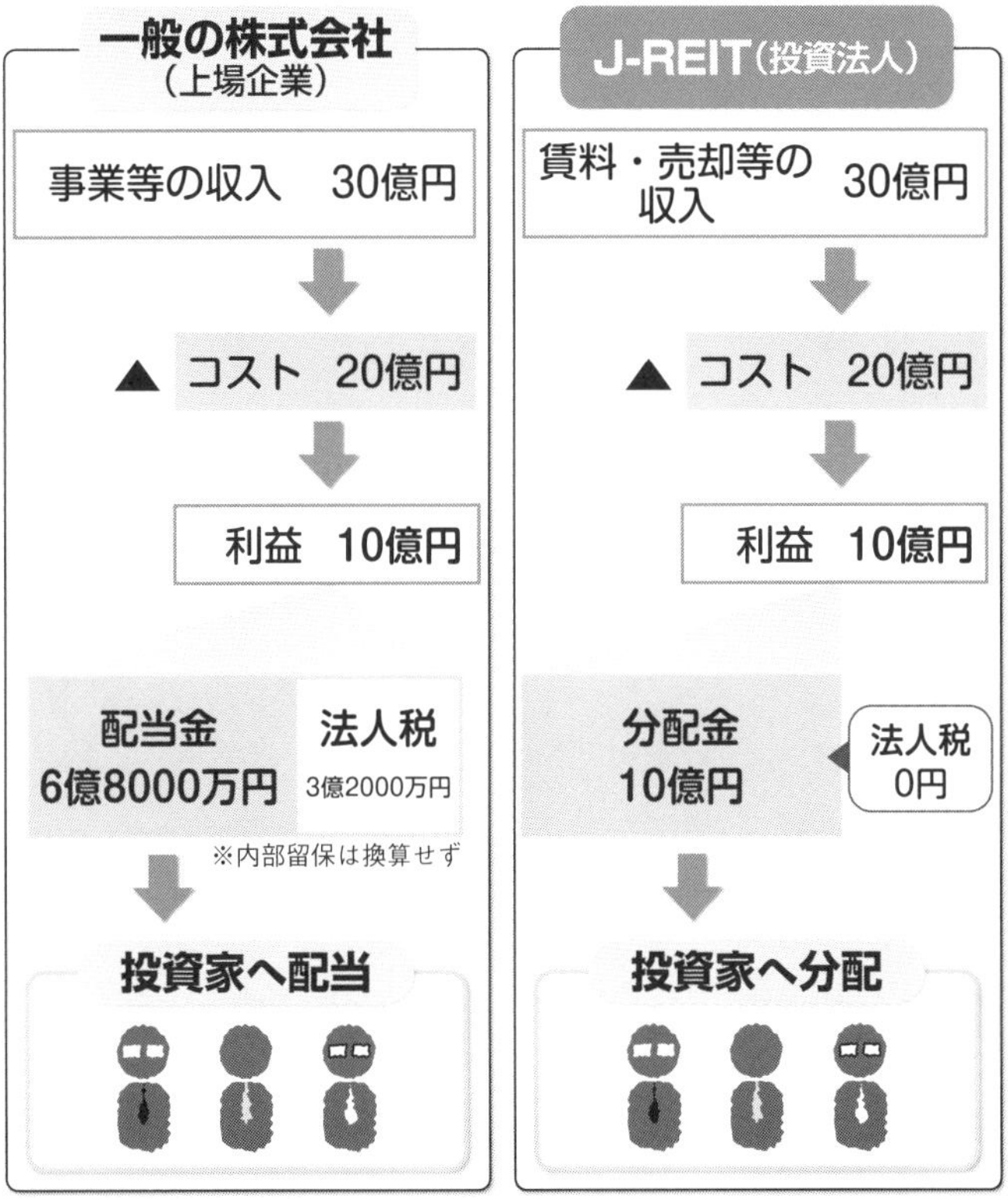

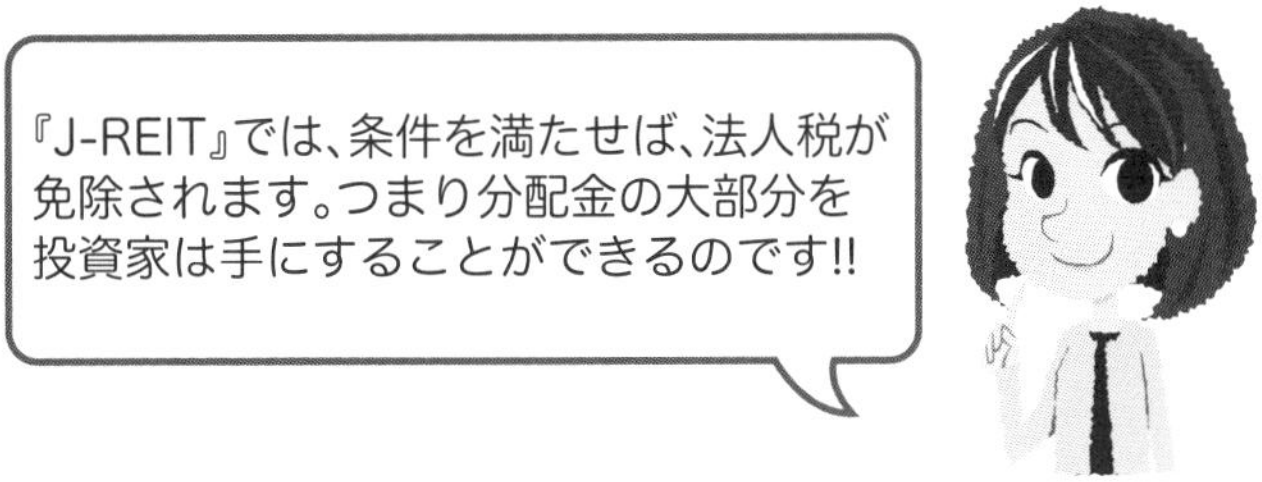

「誰が」「何を」「どのように」……!? 投資法人タイプにおける重要な役割

一般の株式会社（上場企業）と似ている点&異なる点

「『Jリート』へ投資するとは、どういうことか」――。

この概念について触れておきましょう。

じつは『Jリート』も、一般の株式会社（上場企業）のような企業形態をとっています。厳密にいうと……その企業形態は、これまでにもチラホラ出てきています「投資法人」と呼ばれるものです。投資法人が、資金を集めるために投資口（※株式会社の「株式」に相当）を発行し、投資家が購入すれば、『Jリート』へ投資したことになります。

株式投資でいう「株式会社の株式を購入する」と、基本原則は同じですね。

そもそも投資法人とは、「投信法（投資信託及び投資法人に関する法律）」に基づき、投資家からの資金をもとに不動産を保有・運用することを目的とした会社です。

「一般の株式会社（上場企業）とは、何が違うの？」

このような疑問を持たれた方もいるはず。一般の株式会社（上場企業）と投資法人は、大枠でその仕組みは似通っているのですが、明らかに異なる点もあります。

たとえば、56ページでも触れました税制面でのルールも、その1つ。

一般の株式会社（上場企業）は、利益に法人税が課されますが、投資法人は、税引き前利益の90％超を投資家へ還元する条件を満たせば、実質的に法人税が免除されます。

その一方で、**不動産の保有・運用を目的とする投資法人は、不動産投資以外の事業を行なうことは認められていません。**法人格を有しているにもかかわらず、従業員を雇うことができないという〝決まり事〟もあります。

実際の運用は外部に委託することが義務づけられている

ところで、投資法人では従業員を雇えないとなると……こんな疑問が出てきますね。

「誰が、不動産の購入や保有・運用、売買、諸々の事務処理等を行なうのか？」

じつはこれらすべての業務は、投資法人が行なうのではなく、外部に委託することが義務づけられています。資産運用に関する業務は「運用会社」に、資産保管に関する業務は「資産保管会社」に、一般事務等は「事務受託会社」にと、それぞれ外部の会社に委託されているのです。要するに、**投資法人とは単に〝器〟のようなものであり、実際の運営は、委託を受けた運用会社等が行なっています（次ページ図参照）**。

にもかかわらず、投資法人という形態をとる背景には、これまでにもお話ししました税制面（法人税が課されない）における大きな恩恵が関与しているのです。

なお、資産運用に関する業務を委託される運用会社は、いわば「ファンドマネージャー」として『Jリート』における重要な役割を担っています。

たとえば、投資対象の物件状況をリサーチする、必要に応じて保有資産の売却や新たな資産の取得・管理を行なうなど、より高い収益を目指して、資産運用に関連する業務の全般に日々取り組んでいるのです。ゆえにこの運用会社のかじ取りが、「投資家への収益を左右する」といっても過言ではありません。

»ちょっと複雑な『J-REIT』の運用の仕組みと全体の流れ

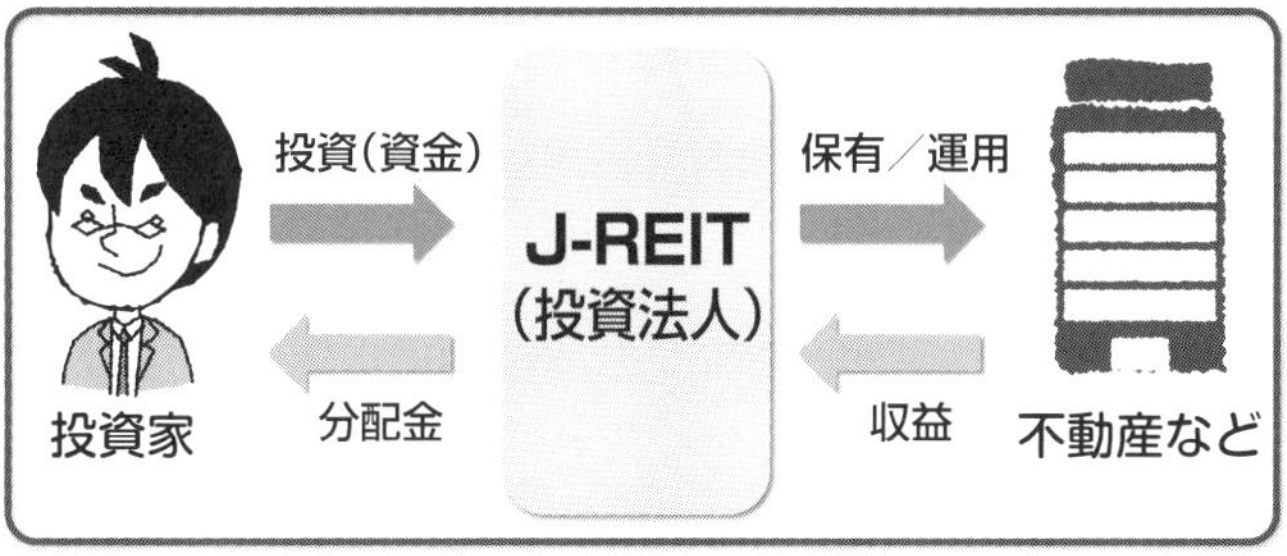

『J-REIT』の運用の仕組み

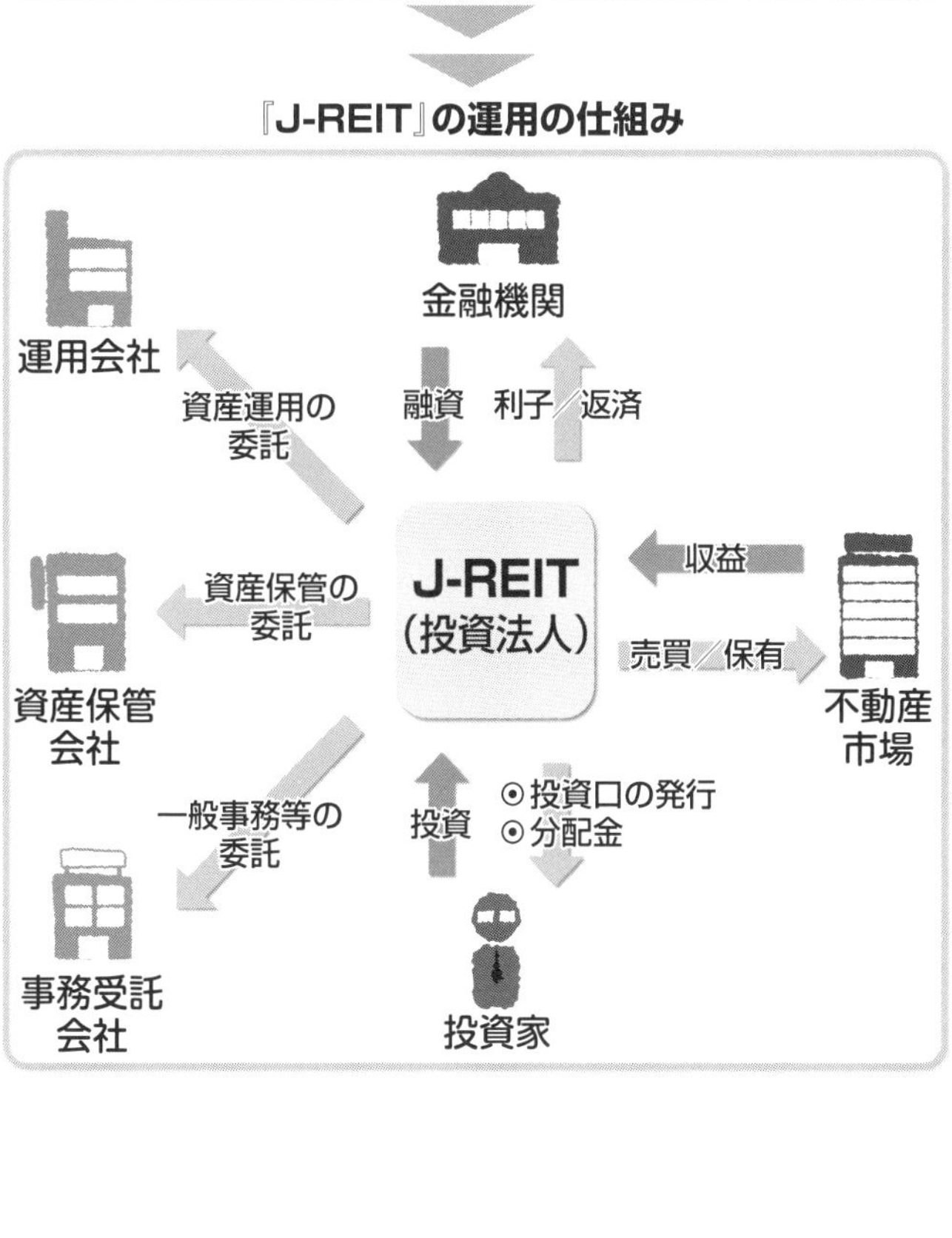

メインの収益は分配金ですが、値上がり益を狙う動きも見られる

分配金利回りと投資口価格の動きは相反する関係に

２０１５年７月時点における『Ｊリート』の全銘柄の平均分配金利回りは、３・３％程度です。各銘柄の投資口価格は、10万円を切るものから、上は１３０万円程度までと、幅広くあります。

ざっくり説明すると……仮に元手資金を１００万円とした場合に、投資口価格が20万円のものを５口購入して、年間３万３０００円の分配金を受け取る——。

このようなイメージで捉えてください（※「ＮＩＳＡ口座」の場合は非課税）。

要するに、中長期に渡って得られる分配金が収益のメインとなるわけです。

最近はこれに加えて、投資口価格の上昇に伴い、値上がり益を期待して投資を行なう動きも見られます。

»『J-REIT』の値動きには〝ある特徴〟があった!!

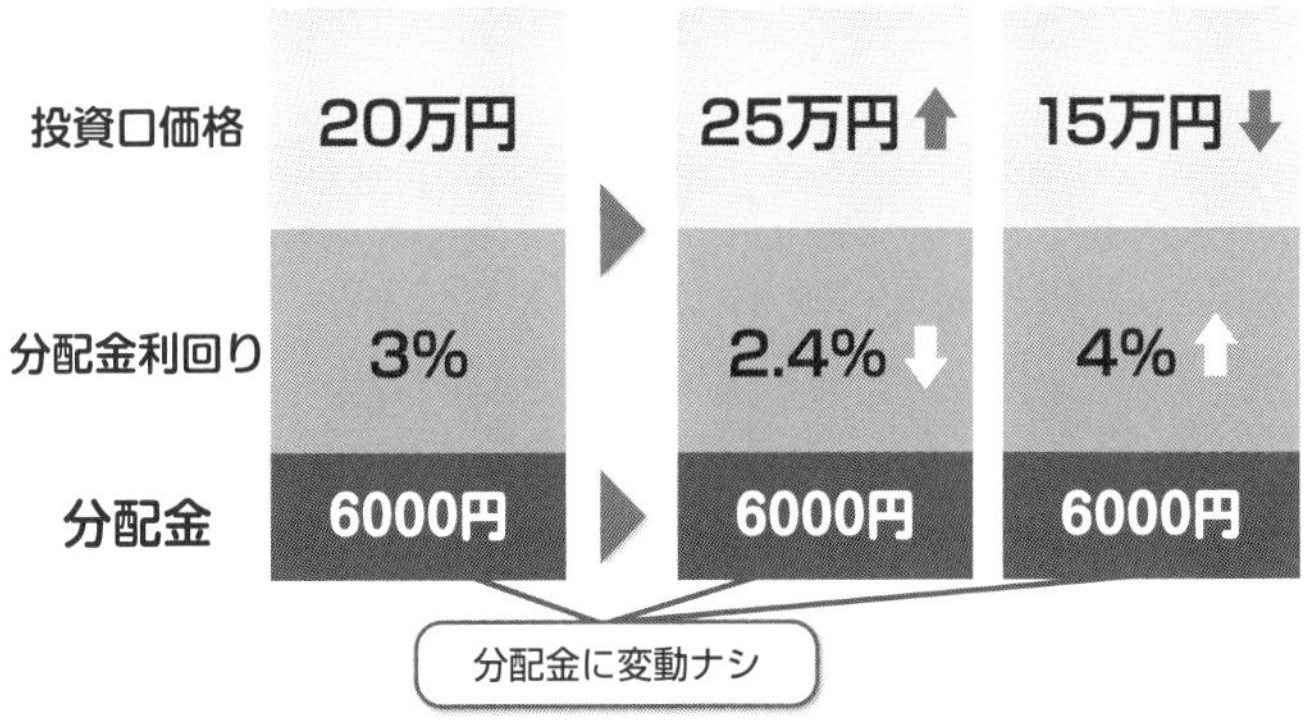

⇒ 投資口価格と分配金利回りの動きは相反する!!

『Jリート』の値動きには〝ある特徴〟があります。**投資口価格と分配金利回りが、逆の動きをするのです。**つまり投資口価格が上昇すると分配金利回りは下がり、価格が下落すると利回りは上がります。

投資家の判断は、分配金利回りの動向が中心なので、これが価格下落の下支えや上昇のブレーキにもなり、一定のラインまで来ると値動きは落ち着く傾向が見られます。

したがって、分配金に変動がないのに、投資口価格のみが無限に上昇（もしくは下落）していくことは、基本的に起こりにくいです。

ここで、なぜ前述したような値動きになるのかを考えてみましょう（上記図参照）。

たとえば、投資口価格が20万円、分配金利回りが３％の銘柄があったとします。不動産市況への期待などから、この銘柄の人気が増し、価格が25万円になった場合、分配金額が６０００円のままであれば、価格が25万円になったことで利回りは２・４％（６０００円÷25万円）に低下します。価格上昇につれて分配金利回りの魅力が減少していくため、価格が一方的に上昇するのを阻む一因になるわけです。

逆に市況低迷などの影響で不人気となり、価格が15万円になった場合の利回りは４％（６０００円÷15万円）となります。分配金利回りが高くなることで投資しようとする方が増え、価格の下支えになるという見方です。

分配金利回りが、どの程度であれば投資需要があるのかは、その時々の経済情勢や、ほかの金融商品の状況にも影響されますので、明言は避けます。ただ、少なくとも価格が一方向に振れ過ぎれば、それを修正する要素を持っているのは事実です。

実際はさまざまな影響を受けますので、このような単純な動きではありませんが、投資口価格と分配金利回りが相反関係にあることは、『Ｊリート』の特徴の1つです。

次ページに、分配金利回りと投資口価格の推移をグラフ化したものを掲示しました。前述したとおり、逆の動きをしているのが一目瞭然ですね。

»分配金利回りと投資口価格の推移グラフ

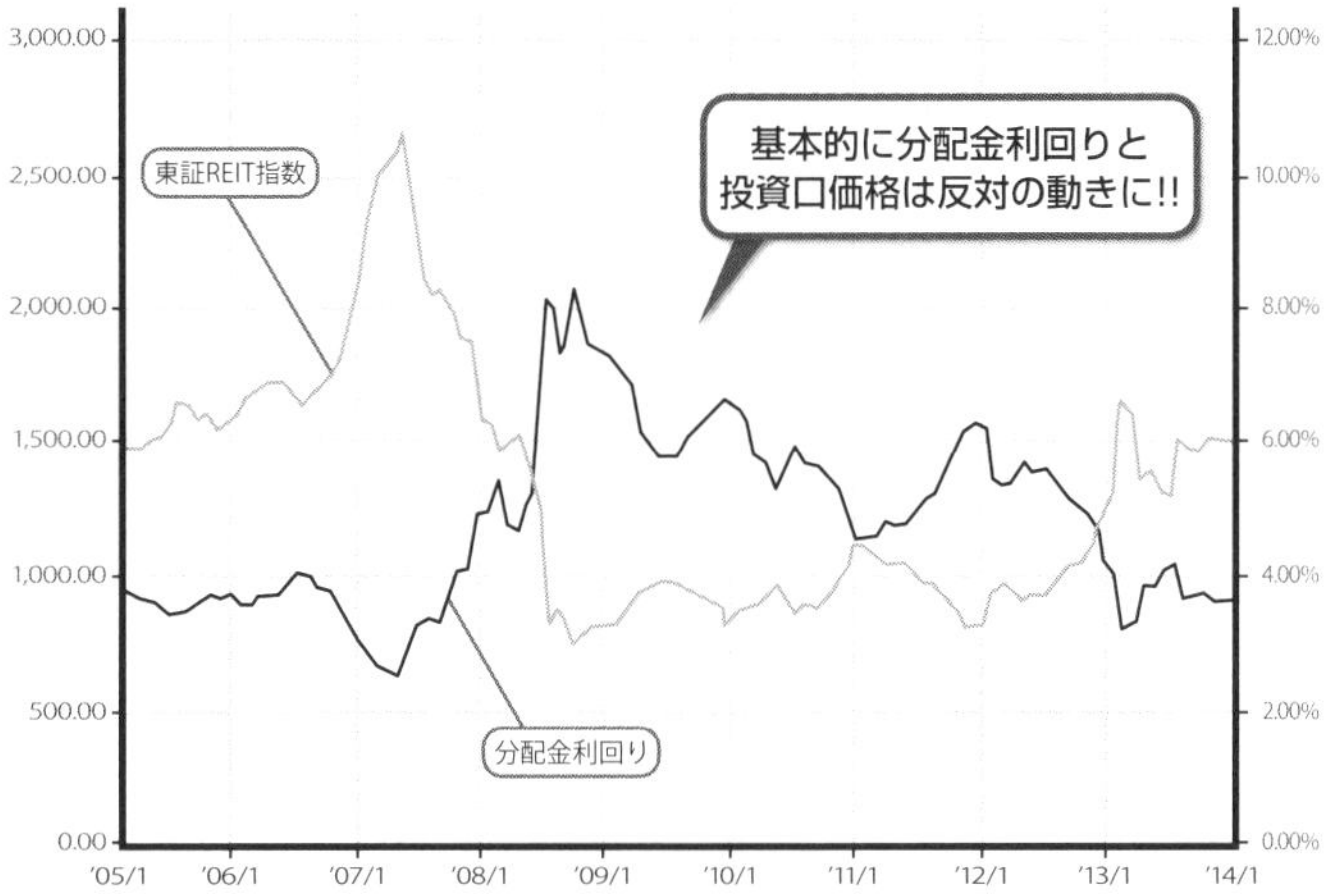

出典：東京証券取引所データ／不動産証券化協会データより作成

ちなみに、投資口価格が最高値をつけた2007年5月頃の平均分配金利回りは、2・6％程度で、最安値をつけた2008年10月頃の平均分配金利回りは、8％弱でした。

今では考えられませんが、当時このタイミングで購入された方は、高い分配金利回りに加えて、投資口価格自体も上昇しているので、賃料減少に伴い、分配金が少々減少していたとしても〝お宝『Jリート』〟でしょうね。

格付けのランクが利回りに及ぼす影響を考えてみよう

もう1点、分配金利回りの特性に関して、ご説明します。

現在、分配金利回りは2・2%〜5・0%程度と、銘柄によって異なりますが、これは格付け機関がつける〝信用格付け〟のランクによっても上下するからです。

格付け機関とは、世界各国の国債や企業の債券の「信用リスク」を判断するための情報を提供する会社等のことです。

たとえば、アメリカでしたら『スタンダード&プアーズ』や『ムーディーズ』などが、日本では『日本格付研究所』や『格付投資情報センター』などが、有名なところとして挙げられるでしょうか。

格付け機関により、表記法に多少の違いはあるものの、一般的には、一番高いランクから「AAA」「AA」「A」「BBB」「BB」「B」「CCC」……などと並びます。

◎格付けのランクが高い↓「リスクが低い」と見なされる↓利回りが低い
◎格付けのランクが低い↓「リスクが高い」と見なされる↓利回りが高い

『Jリート』の場合も同様です。利回りが標準よりも高い銘柄は投資のリスクが高く、利回りが低い銘柄はリスクが低いという見方をします。

第１章でも触れましたが、『Ｊリート』では、ＡＡ格相当以上の銘柄を日銀が買い入れ基準としているため、投資家からも注目されています。

ただし、これらの格付けも完璧なものではありません。

２００８年に『ニューシティ・レジデンス投資法人』が破たんした際、直前まで格付けは「Ａ３（ムーディーズ）」「Ａ＋（格付投資情報センター）」と、高めを維持していたことを踏まえると、あくまで検討材料の１つとして位置づけておくほうが賢明です。

『Jリート』で投資対象となる不動産のタイプ&特徴を徹底解説！

大きくは【単一用途特化型】と【複数用途型】の2種類

『Jリート』で投資対象となる不動産について、具体的に見ていきましょう。

不動産に投資する『Jリート』は、用途（種類）によって大きく以下の2つに分類することができます（次ページ図も参照）。

主な投資対象は、オフィスビル／住居／商業施設／物流施設／ホテル・旅館などで、それぞれ特徴が異なります。**どのタイプで運用するかによって、その後に得られる分配金や投資口価格の値動きの傾向も変わってきますので、注意してください!!**

①【単一用途特化型】

②【複数用途型】

»それぞれのメリット＆デメリットを押さえておこう!!

① 単一用途特化型

オフィスビル特化型

住居特化型

商業施設特化型

物流施設特化型

ホテル特化型

１用途のみで運用するシンプル型。ただし、景気や業界の動向に左右されやすい側面があります !!

② 複数用途型

複合型
(2 つの用途の不動産に投資)

総合型
(3 つの用途、または用途を限定しない)

投資先が幅広いため、分散投資が有効で、安定的な運用が可能です。ただし、プラスの恩恵が薄まるデメリットも……!!

①の【単一用途特化型】は、1つの用途に特化した不動産を運用するタイプで、ほかの用途は組み込みません。

たとえば、オフィスビルに特化した投資法人であれば、住居や商業施設は保有せず、あくまでオフィスビルの用途のものだけに限定して運用します。

1用途のみの運用なので、とてもシンプルでわかりやすいのが特徴です。ただ、分散が効かないため、景気や業界の動向に左右されやすい側面もあります。このデメリットを補う方法として、「特化型ＲＥＩＴ」を複数保有し、ポートフォリオを組むことは有効なのですが……銘柄選びの目利きと、ある程度のまとまった資金が必要になります。

②の【複数用途型】は、「オフィスビルと住居」「オフィスビルと商業施設」と、用途が異なる2つ以上の不動産を組み合わせて運用することで、分散投資を行ないます。

複数の不動産に分散投資をするため、①の【単一用途特化型】よりも安定性が高く、且つ価格変動が抑えられるという利点があります。

なお【複数用途型】のなかには、2つの用途で運用する「複合型」、3つ以上の用途を組み合わせるか、もしくは投資先を限定しないで運用する「総合型」があり、後者は投資先が幅広いため、分散投資の効果が大きいですね。

ただし、【単一用途特化型】であれば、その用途によるプラスの恩恵を十分に受けられる場合でも、【複数用途型】は分散が効いているがゆえに、プラスの恩恵の効果が薄まってしまうといったメリットとデメリットが〝表裏の関係〟にあるともいえます。

タイプ別の長所・短所を押さえて投資対象を決定しよう

ここからは不動産のタイプ別に、それぞれの特徴をざっくり解説していきましょう。

いずれのタイプにも、長所と短所があります。まずはそれらをきちんと把握し、自分の投資スタイルに適した銘柄を選ぶようにしてください。

タイプ①【オフィスビル】

保有する投資法人も多く、今のところ『Jリート』の中心的な用途です。

企業は、業績によりオフィスビルの移転や拡大・縮小を行なう割合が高いので、賃料や稼働率は良くも悪くも景気変動の影響を受けやすいとされています。

大型オフィスビルの供給動向は、ニュースでも取り上げられることが多く、最近では2012年当時に東京のオフィスビル供給量が大幅に増加したことに伴い、「2012年問題」などと注目を浴びました。このような場合は、順調に消化できるか否かの視点が必要です。**需給均衡の〝目安〟は、空室率5％が1つの基準と見られています。**

タイプ②【住居】

日常生活において、「人が住む場所」は不可欠なもの。ゆえに**不景気でも安定した賃貸需要が期待できます。賃料や空室率は景気に左右されにくいのです。**

一方で、景気回復期であっても賃料の上昇は緩やかなため、オフィスビルに比べて、収益に反映されるには時間を要します。

事実、2014年頃からオフィスビルに関しては、賃料上昇・空室率低下の傾向が見られるようになりましたが、住居はまだそこまで改善されていないのが実情です。

ほかにも、消費税の増税が収益に及ぼす〝マイナスの影響〟にも留意しておく必要があるでしょう（収入となる家賃は非課税ですが、費用にあたる部分は課税対象のものも多く、その分、減益となる可能性アリ）。

タイプ③【商業施設】

全国の都心を中心に展開される都心型商業施設から、ショッピングモールや食品スーパーなど、さまざまな種類があります。

なかでも**郊外型施設では、契約期間が10年〜20年と長いものも多く、収益の見通しが比較的立ちやすいのが特徴ですね。**

ただし、テナントの売上に応じて賃料が変動する契約を結んでいるケースもありますので、全体に占める固定賃料の割合も、適宜チェックしておかなければなりません。

今後、インターネットでの買い物、いわゆるネット販売が加速することを踏まえると、立地や形態によっては、施設自体の在り方が変わっていく可能性もあるでしょう。

単なる「モノの消費」ではなく、「コトの消費」に合わせた対応や、ネットとリアルの上手い〝融合〟を考えた場を提供できるかどうか、テナントと一体となった戦略があるかどうか……こういった視点でも見ておきたいところです。

タイプ④【物流施設】

物流センターや倉庫などといった物流を行なうために必要となる〝拠点〟のことです。

『アマゾン』や『楽天』といったインターネットにおける物販割合が伸びるなか、今後ますます必要とされる用途だといえますね。

また物流サービスは、「ただ届ければ良い」という視点から、「いかに早く、安くできるか」という視点へと変わり始めており、その要望に迅速、且つ丁寧に対応できる、より付加価値の高い施設が望まれているのです。

一度入居したテナントの入れ替わりは、他用途よりも多くないため、中長期で安定しています。ただ、1施設あたりのテナント数が少ないため、分散投資が効きにくい面も否めません。これは退去時も注意‼　他用途と比べても、退去後に次の借り主が決まるまでの時間がかかることで、分配金に及ぼす影響も大きくなるからです。

以前はさほどでもなかったのですが……最近は保有する投資法人も増え、競合が多くなりつつあることにも留意しておきましょう。

タイプ⑤【ホテル・旅館】

２０２０年の東京オリンピック開催決定、さらには国が観光業に注力していく方針も追い風となり、今、注目されている用途の１つです。

とはいえ、**景気動向の影響を受けやすく、観光シーズンなどの〝季節要因〟で変動しやすい側面もあり、他用途よりも収益の振れ幅が大きくなる傾向も見られます。**

今後、観光業への期待値が高まるにつれ、投資法人同士が物件取得で競合するケースが多くなることは否めません。宿泊施設の供給が多くなり過ぎると、需給バランスの問題が出てくる懸念もあります。必然的に、立地やサービス等における差別化がポイントになってくるでしょう。

なおこの用途は、何か突発的な出来事が起きると、ダイレクトに収益に影響を及ぼすリスクを抱えていることも忘れないでください。

事実、２０１１年の東日本大震災後は、訪日外国人旅行者数が激減し、東京都心のホテル以外でも稼働率が急減したことは、記憶に新しいところです。

今後も増える可能性大！現在、53銘柄が東京証券取引所に上場

数々の試練を乗り越えて、さらなる成長段階へと進行中

『Jリート』が〝産声〟をあげてから、すでに14年が経ちました。現在は、53銘柄が東京証券取引所に上場しています。

２００１年に２銘柄の上場でスタートしたあと、２００８年のリーマンショック直前には42銘柄まで増えました。その後、倒産や合併（M&A）といった負の整理や再編が進んだ時期を数年経験し、銘柄数は33となります。この試練を乗り越えて、市場の回復や国のバックアップを背景に、次なる成長段階へと入ります。

２０１２年４月、４年半ぶりに新銘柄が上場したのを皮切りに、新規上場は毎年増え続けて、２０１５年７月時点で53銘柄になりました。

これは『Jリート』が誕生して以来、最大の銘柄数をほこります。**現在上場している投資法人のおよそ38%が、この3年半で誕生したことは印象的ですね。**

REIT市場へは、資金流入も増加しており、今後も新たな上場が予定されています。銘柄数が増えるにしたがい、運用する不動産の幅が広がったのも、昨今の特徴です。

¥ 超高齢化社会を支える『ヘルスケアリート』の今後は……？

『Jリート』が投資対象とする不動産は、多岐に渡ります。そこで、ここからは現在、ならびに将来的に需要拡大が期待されている不動産のタイプを紹介しましょう。

今、もっとも注目されているのは【ホテル・旅館】です。

以前は、ほかのタイプと比較すると数が少なかったため、物件取得などでも競合はあまり多くなかったのですが、観光業が注目されるにつれ、急速に需要が拡大しています。

この背景には、2020年の東京オリンピック開催はもちろん、日本独自の文化に対する評価の高まりによって、外国人観光客数が増えていることが挙げられるでしょう。

現に、東京都では多くの利用者数を期待して、ホテルの建設が進んでいます。

また、【ホテル・旅館】タイプの投資法人の多くは、さらなる需要増に備えて、積極的に物件取得に動き始めています。

２０１３年7月に上場を果たした『星野リゾート・リート投資法人』も、その1つ。もともと同投資法人は、星野リゾートが保有するホテルや旅館のみを取り扱っていました。ところが、２０１４年に保有していない別会社のホテルをポートフォリオに組み入れたのです。この経営方針の転換には、賛否両論があったと聞きます。

賛成派は、星野リゾート以外からも購入するのだということで、分散が可能になり、また購入先が限定されることで起こり得るリスクや機会損失も回避できるため、「投資家にとってはメリット」と捉えていました。反対派はといえば、「星野リゾートのファンとしては、そのブランドにこそ〝絶対的な価値〟がある」と感じていたのです。

今後、投資法人として、どのようなかじ取りを行ない、全体のバランスを保ちつつ、投資口の価値を高めていくのかが注目されています。

次は、第1章でも触れました国策にも掲げられている『ヘルスケアリート』です。

不動産市場のみならず、日本経済が再び復活&活性化するためのカギとして、注目を集めています。２０１４年９月に『日本ヘルスケア投資法人』が、日本で初めて上場を果たしたあと、翌年3月には『ヘルスケア＆メディカル投資法人』が、7月には『ジャパン・シニアリビング投資法人』が上場しました。

今後もいくつかの銘柄が上場の準備をしており、国策は着々と進行しています。ただし、器だけが急激に増えても、ポートフォリオに組み入れる施設が追いつくかどうかの懸念があるのも事実です。

そもそもオフィスビルや住居などに比べて、数が多いわけではありません。にもかかわらず、需要が望めるからといって、無理に数だけをそろえようとすれば、何かしらの副作用が生じるでしょう。

注目度が高い『ヘルスケアリート』ですが、業務の運営委託先（介護サービス事業者）には、細心の注意を払う必要があります（81ページ図参照）。

通常の『Jリート』とは異なり、投資法人は、委託先の運用会社がヘルスケアに関するサービス事業を行なって得た収益から、分配金の原資となる賃料を受け取ります。ですので、万が一、委託先の運用会社が経営難に陥り、事業収益等が得られなくなると「分配金にも悪影響」といった事態を招きます。ヘルスケアリート市場が拡大するにあたっては、このリスクをいかに軽減するか、そのための施策が望まれます。

そのほかには、「不動産再生」をテーマとした投資法人も注目ですね。

２０１４年11月に『トーセイ・リート投資法人』が上場を果たしましたが、「膨大な既存建築ストックの活用・再生」をキーワードに、オフィスビルや住居、商業施設を対象として、ポートフォリオを構築しています。**既存不動産の活用は、国も積極的に取り組もうとしている問題でもあり、「日本再興戦略」のなかにも盛り込まれました。**

住居に関していえば、特に若い世代では新築にこだわらず、より自分らしいライフスタイルを求めて「中古物件＋リノベーション」というニーズが増えています。

古い物件を今の時代に適したものへと改装することで、新たな〝付加価値〟を生み出そうとする動きは、ジワリジワリと拡大しており、今後も継続することでしょう。

最近では、『ＵＲ都市機構（独立行政法人都市再生機構）』が手掛けるＵＲ賃貸住宅が、『無印良品』とコラボレーションをして、「住宅を再生する」といった面白い試みが業界でも話題になったのは、記憶に新しいところです。

»将来的に期待値が高い！『ヘルスケアリート』の仕組み

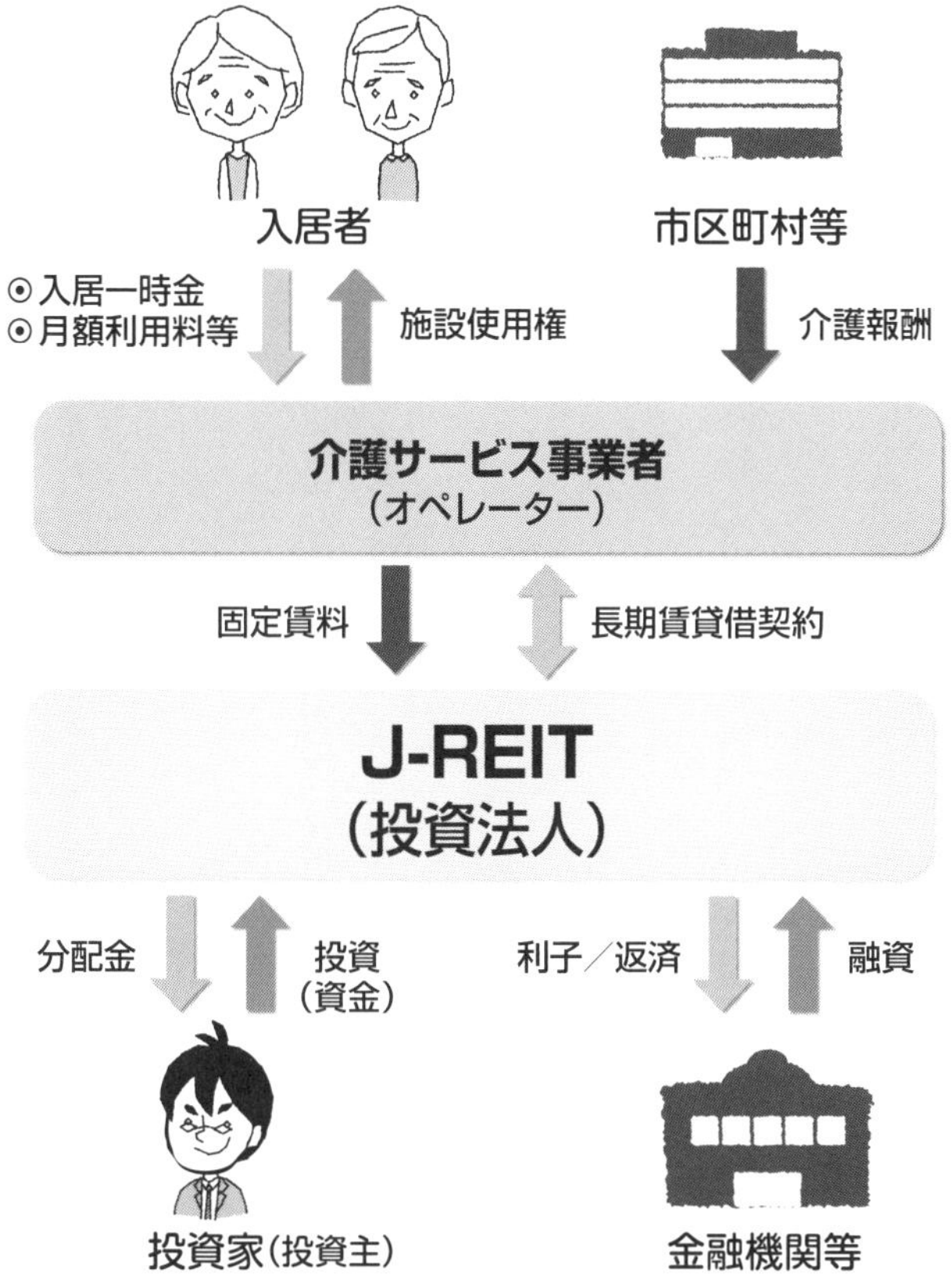

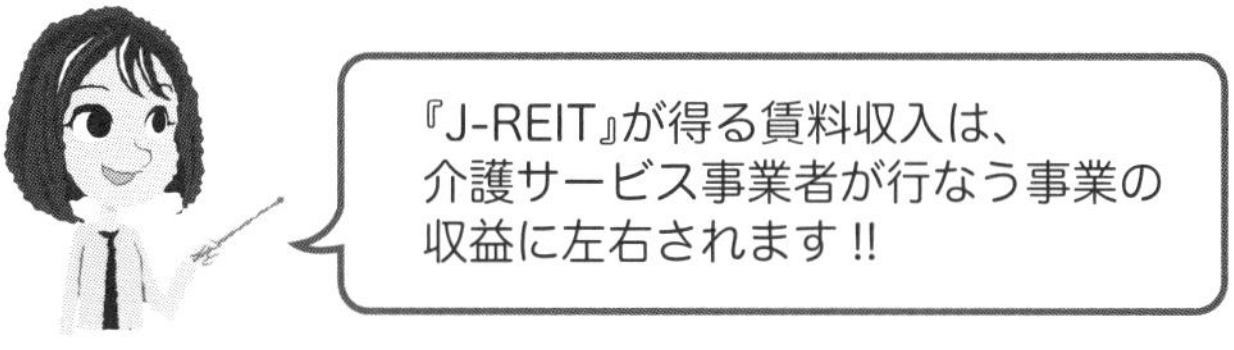

株式投資とは「何が」違うのか？比較検証してみよう

大きな違いは、何といっても「利益構造」です

株式も『Ｊリート』も、投資対象が証券取引所に上場していますので、基本的に売買方法は同じです。すでに株式で専用の口座を開設している方は、改めてＪリート専用の口座を開設する必要はありません。お持ちの口座がそのまま使えます。

では、異なる点はどこなのでしょうか。

本章の冒頭に掲示しました図もご覧になりながら、読み進めてください。

①市場規模

２０１５年７月時点における東証一部の株式時価総額は、約５９０兆円。対して『Ｊリート』は10・５兆円程度で、一部上場株式の時価総額における比率は２％

弱ほどです。同時点での1日あたりの売買代金は、一部上場株式が2兆8000億円に対して、『Jリート』は350億円前後になっています。

成長著しい『Jリート』ですが、株式市場の規模に比べると、まだまだ足元にも及びません。ゆえに**流動性は株式に〝軍配〟が上がるでしょう。**

それでも2001年のJリート上場以降、株式市場との比率は徐々に増えており、個人投資家の関心度が高まっているのは事実です。

②利益構造と成長の仕方

これまでにも触れていますが、『Jリート』はその構造上、税引き前利益の90％超を投資家に分配することで法人税が課されない点は、株式との大きな違いです。

投資家がそこから得る恩恵は、比較的高い収益としてもたらされます。

その一方で、常に利益の大部分を分配金にしてしまうため、「内部留保」が少ない（利益を貯めにくい）ことも特徴です。ゆえに会社が成長し続けるには、何かしらの形で資金調達をしなくてはなりません。

各投資法人は、選択肢の1つとして、投資口（株式）を新たに発行する「増資」を活用することが多く、株式と比較しても、その回数の頻度は高くなっています。

ここで1つ注意‼ 増資により投資口の数が増えることで、1投資口あたりの利益が小さくなると、投資口価格（株価）も下落する傾向にあることです。

たとえば、「利益：50億円／投資口数：50万口」であったものが、増資によって投資口数が52万口になったとしましょう。仮に利益が変わらなければ、1投資口あたりの利益は「1万円→9615円」と減少します。いわゆる投資口の希薄化です。

では、投資家にとって「増資は悪なのか？」といえば、そういうわけではありません。その増資によって1投資口あたりの利益が増えるのであれば、問題ナシです。

前出の事例でいえば、増資で得た資金を上手く活用し、利益50億円が55億円となれば、1投資口あたりの利益も1万5７６円となり、増資前よりも価値が高まったことになります。つまり希薄化した分以上に利益が増えれば、投資家にとっても良いわけなので、増資の際には〝質〟の見極めが求められます。


内部留保が少なく、且つ増資の頻度が高めである『Jリート』の場合、増資情報には目を光らせておくべきでしょう。

»「増資」によって１投資口あたりの利益が増えればOK!!

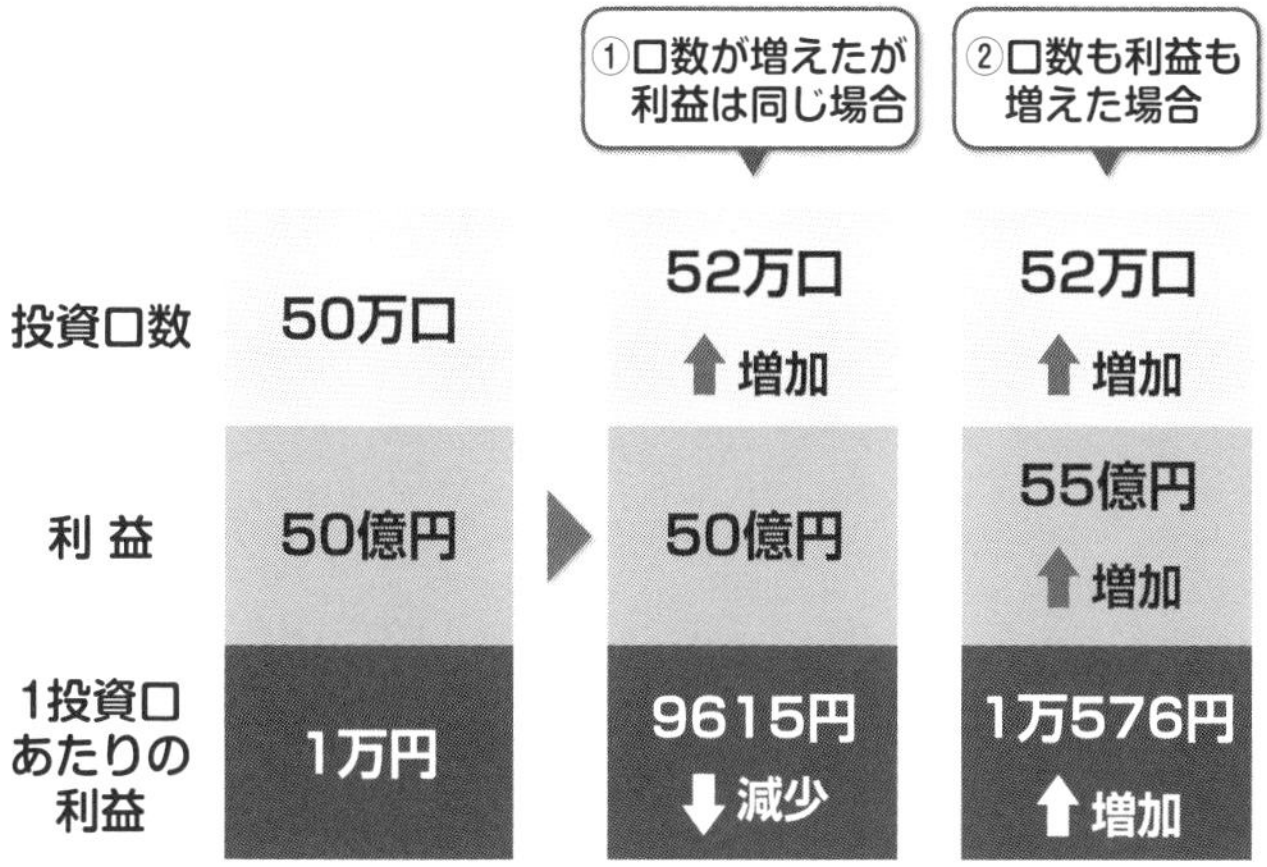

		① 口数が増えたが利益は同じ場合	② 口数も利益も増えた場合
投資口数	50万口	52万口 ↑増加	52万口 ↑増加
利益	50億円	50億円	55億円 ↑増加
1投資口あたりの利益	1万円	9615円 ↓減少	1万576円 ↑増加

③決算期

基本的に株式は、3月に決算期が集中しますが、**投資法人の決算期は、1年を通じて分散している**ことも異なる点です。

これは裏を返せば、「銘柄の組み合わせ次第では、分配金が得られる月を自分でコントロールすることが可能だ」といえるのではないでしょうか（投資家が受け取る分配金は、株式と同様に決算を経て決定）。

毎月得られる分配金を「少しでも年金などの足しにしたい」といった声は根強いです。そのために『Jリート』を上手く活用することは有効な方法だと、私は思います。

実物不動産投資との違いは？比較検証してみよう

最たる違いは、圧倒的に「投資金額」が少ない点です

不動産投資には、証券化された商品を購入する『ＲＥＩＴ（Ｊリート）』以外にも、直接不動産を購入する実物不動産投資（※以降：実物不動産）もあります。

いずれも「不動産への投資」という意味では同じですが、投資金額や流動性、運用・運営等において大きな違いがあります。ちょっと検証してみましょう。

①投資金額

通常、実物不動産は、場所や築年数等にもよりますが、安くとも数百万円はかかるのがほとんどです。アパートやマンション１棟となれば、数千万円はするでしょう。

とはいえ、全額自己資金で購入する方はごく稀です。ほとんどの方は金融機関からの融資を受け、それに自己資金を組み合わせて購入します。

小さい資金で投資効果を上げ、さらに収益性を高めることを「レバレッジ効果」といい、実物不動産では、自己資金と借入金を併用することで、すべて自己資金でまかなった場合以上の収益を得ることが可能です。

ここに魅力を感じる個人投資家は多く、昨今の不動産投資ブームが、まさにそれを物語っていますね。ただ、いくらレバレッジ効果が見込めるといっても、「いきなり数百万〜数千万単位の投資には……抵抗がある」と感じている方も少なくありません。

その点、『Jリート』の場合は、不動産の総価値を〝小口化〟した「投資証券」を売買するため、個別銘柄でしたら1口10万円を切る程度の少額資金から始めることができます。『Jリート』の投資信託であれば、1万円程度でもスタートが可能です。

②流動性

そもそも実物不動産は、投資金額が大きいこともあり、パソコンのボタンをワンクリックする、もしくは電話1本で、即購入・売却が完了するケースは、まずありません。

一般に契約・資金調達等の手続きには、1〜2カ月はかかります。

実物であるがゆえに売り手と買い手によって、売買成立までは〝個別要素〟が多々あります。契約条件の交渉など、売買成立に至るまで膨大な時間を要するケースも少なくありません。つまりは完全なる相対取引なのです。

一方、『Jリート』は東京証券取引所に上場していますので、株式のようにいつでも取引ができます。ゆえに実物不動産よりも流動性や透明性が高いのはもちろん、換金性も高いといえるでしょう。

③不動産の運用・運営

実物不動産は、いわば「経営」と同じ。いかに運用・運営するかは、経営者（個人）の裁量によるところが大きいです。日常的なことは管理会社等に任せるとしても、諸々の判断や運営方針を、最終的に決めるのは投資家本人に委ねられます。

やる気とノウハウがあれば、自分の裁量のみで収益を高めることも可能です。

『Jリート』の場合は、運用・運営はプロに任せます。

実物不動産では、こまごまとした事務手続きや処理等を自分で行なわなければなりませんが……『Jリート』では、すべて運用会社等が行なうため、投資家は最終的な分配金を手にするだけ。ただ、考え方によってはリスクも孕んでいます。

たとえば、投資家本人が直接運営にかかわらないので、的確な運営が成されているのか否かを直接知ることができません。開示されている情報をもれなく分析して、見極めるしか手立てはないでしょう。**もし想定外の出来事が起こっても、自分の考えに基づいて対応することも叶いませんので、プロに任せるにも〝覚悟〟が必要ですね。**

このほかにも、２０１５年からスタートした相続増税に伴い、何かとメディア媒体等で話題に上がることの多い相続税・贈与税対策としては、評価減効果が得られる点においても実物不動産に軍配が上がります。


手間がかからず、安定性もあって、且つ比較的高い収益が期待できる『Ｊリート』。

自分の裁量次第で、高いレバレッジ効果が狙える実物不動産。

どちらか好みのものを選ぶも良し。それぞれのメリットを活かして、両方を手掛けるも良しでしょう。私自身はいずれも保有しており、それ自体が、不動産投資の分散になることを実感しています。

『Jリート』の魅力にプラスα。とっておきの良い情報を教えます

個別銘柄よりもさらに手軽に投資ができる2つの投資信託

『Jリート』は、実物不動産に比べれば、圧倒的に「投資金額」が少なくて済みます。

個別銘柄の場合でしたら、10万円を切る程度からスタートできます。

この点が、魅力の1つともいえるのですが……若い世代の方や初めて『Jリート』へ投資する方にとっては、まだ金額面で〝ハードルが高い〟と感じるかもしれません。

そのような場合、以下のREIT対象の投資信託を購入する方法もあります。

◎一般の投資信託（『ファンド・オブ・ファンズ』）

◎『ETF（上場投資信託）』

いずれの投資信託も1口あたり数万円の少額からできること、個別の銘柄選びを自分で行なう必要がないことが、メリットとして挙げられます。

デメリットは、投資家は運用を代行してもらっていますので、その分、個別銘柄よりもコストがかかることです。ファンドにもよりますが、購入時にかかる購入手数料、保有期間中に継続して支払う信託報酬、売却（解約）時のコストがかかってきます。

1口あたり1万円からの少額で不動産投資に参加OK!!

前出の2つの投資信託について、ざっくりですが解説しておきましょう。

まずは『ファンド・オブ・ファンズ』です。

この金融商品は、**「複数のファンド（投資信託）に投資する投資信託」のことで、投資家は運用会社があらかじめ選択・分散を行なったものに投資することになります。**

『REIT』に限らず、一般の投資信託で構成されるものも数多く存在するので、すでにご存じの方もいらっしゃるかもしれませんね。

『ファンド・オブ・ファンズ』のなかには、『REIT』を投資対象としたものがありますので、そのなかから検討することになります。ものによっては日本国内だけではなく、海外の『ＲＥＩＴ』を組み込んでいるファンドもあり、比較的容易に世界中の不動産に分散投資をすることが可能です。

なお、『ファンド・オブ・ファンズ』ごとに運用先が異なりますので、それらを事前にきちんと確認したうえで、自分の投資スタイルや好みに応じて選択しましょう。

必要な最低運用資金は1万円程度。積立投資の場合は、証券会社により、５００円ないし１０００円からも可能です。具体的なファンドについては、種類が豊富ですので、金融商品の情報提供を行なう『モーニングスター』等のサイトをご覧ください。

☆『モーニングスター』：http://www.morningstar.co.jp/

ちなみに、こちらのサイトの「ファンド検索」機能で見ると、２０１５年7月時点で『ファンド・オブ・ファンズ』は、日本国内の『ＲＥＩＴ』を対象としたものが81本、海外の『ＲＥＩＴ』も含めると２１９本が設定されています。

続いて、もう1つの『**ETF（上場投資信託）**』に触れておきましょう。

»『ファンド・オブ・ファンズ』のイメージ図

『ＥＴＦ』とは、「Exchange＝証券取引所」「Traded＝取り引きされる」「Fund＝投資信託」の略で、つまりは**「証券取引所に上場している投資信託」のことです。**

『ファンド・オブ・ファンズ』との大きな違いは、証券取引所に上場しているため、取引時間内（月～金：9時～15時）において、リアルタイムでの取引が可能な点です。ゆえに流動性が高い金融商品といえます（『ファンド・オブ・ファンズ』は上場していないため、1日の価格は1つ）。

さらに『ＥＴＦ（上場投資信託）』は、市場のさまざまな指数に〝連動〟するように設定されているものが多いため、情報が入手しやすく、且つわかりやすいのも特徴です。

有名なところでは、「日経平均株価」「TOPIX（東証株価指数）」に連動する『ETF（上場投資信託）』が挙げられます。

ざっくりいうと、日経平均株価が5％上昇すれば、連動する『ETF（上場投資信託）』も5％上昇するように設定されているわけです。

『Jリート』を対象とした『ETF（上場投資信託）』は、2015年7月時点で5銘柄があり、いずれも「東証REIT指数」に連動しています（次ページ図参照）。

個別銘柄の『REIT』と同様に、リアルタイムでの取引が可能です。

また、すべての銘柄が東証REIT指数に連動しているので、商品性は「基本的にほぼ同じ」といえるでしょう。ですので、そのほかの〝要素〟である売買単位や分配金の支払い回数、信託報酬を検討することになります。

売買単位と分配金の支払い回数で、ちょっと考えてみましょう。

まずは売買単位です。5銘柄のなかで『上場インデックスファンドJリート隔月分配』のみ、売買単位は100口ですので、2015年7月時点で必要な運用資金は17万5000円程度（東証REIT指数×100）からになります。

»『ETF（上場投資信託）』5銘柄の一覧表

証券コード	名称	売買単位	決算月
1343	NEXT FUNDS 東証REIT指数連動型上場投信	10口	年4回（2/5/8/11月）
1345	上場インデックスファンド Jリート隔月分配	100口	年6回（1/3/5/7/9/11月）
1595	NZAM 上場投信 東証REIT指数	10口	年4回（1/4/7/10月）
1597	MAXIS Jリート上場投信	10口	年4回（3/6/9/12月）
1398	SMAM 東証REIT指数上場投信	10口	年4回（3/6/9/12月）

2015年7月1日時点

それ以外の４銘柄の売買単位は10口ですので、１万７５００円程度（東証ＲＥＩＴ指数×10）から運用が可能です。

分配金の支払い回数は、『上場インデックスファンドＪリート隔月分配』のみ、決算月が年６回ありますので、なるべく細切れに分配金を得たい方にとっては、選択肢の１つになるのではないでしょうか。

なお、以下のサイトで『ＥＴＦ（上場投資信託）』の一覧が確認できます。

☆『不動産投信情報ポータル』：http://www.japan-reit.com/etf/

第3章

銘柄選びのポイントから
売買ルールまでを把握しておこう

どの投資スタイルで始めますか？
スタート前に決めておこう

それぞれの持ち味を知り、最適な投資スタイルを選ぶ

ここまで『Jリート』の特性や魅力、商品性などに触れてきました。投資そのものが初めての方には、少々小難しいかもしれません。ただ、自分の大切なお金を投資するわけですから、要点だけでも構いませんので押さえておいてください。

さて第3章では、銘柄を選ぶ際に「どのような視点で考えれば良いのか」「検討すべきポイントは?」といったことをお話しします。

その前に、まずは自分がこれから投資するうえで、どのような〝形式〟で行なうのか、つまりはどの投資スタイルで始めるのかを決めなければなりません。

個人投資家が『ＲＥＩＴ』へ投資するには、以下の3つの選択肢があります。第2章と重複する部分もありますが、大切なことですので整理しておきましょう。

»３つの選択肢＆それぞれの特徴と必要資金等を比較!!

	個別銘柄	ファンド・オブ・ファンズ	ETF
特徴	自分で銘柄選択	・商品により多様 ・少ない資金から分散可能	・「東証REIT指数」に連動 ・少ない資金から分散可能
必要資金	10万円前後～	1万円程度～	1万円程度～
取引	リアルタイム可（上場）	1日1回（未上場）	リアルタイム可（上場）
分配金	受け取り	受け取り、ならびに再投資が選択可能なものも	受け取り

①『REIT』の個別銘柄への投資

株式と同様、自分で投資する銘柄を選択します。基本的には、１口単位からの売買になりますが、１口10万円程度からの投資となるので、ある程度の資金が必要です。

とはいえ、以前は数十万円～１００万円以上であったことや、**多額の資金が必要な実物不動産と比べ、少額の資金からできるようになってきています。**

また直接、個別銘柄に投資するため、残りの２つの選択肢よりも、比較的高い収益が期待できるのは、大きな魅力ですね。

なお現在、東京証券取引所に上場しています53銘柄の一覧表を本章の最後に掲載しましたのでご覧ください（１３２ページ～参照）。

②『REIT』の投資信託（『ファンド・オブ・ファンズ』）への投資

さまざまな『REIT』を組み込んだ投資信託に投資することになります。

銘柄選びは運用会社が行ないますので、個人でする必要はありませんが、購入時や保有時にかかる手数料が、①よりも高くなりがちです。検討の際には注意してください。

投資そのものは1万円程度の少額資金からでもスタートできます。ネット証券等での積立であれば、500円や1000円程度から可能な場合もあります。

③『REIT』の『ETF（上場投資信託）』への投資

投資信託の一種で、「東証REIT指数」に連動した値動きをするのが特徴です。

リアルタイムでの取引ができます。「REIT市場全体に投資する」というイメージで、銘柄別の〝個性〟は反映されにくいといえるでしょう。

②の『ファンド・オブ・ファンズ』と同様に、購入時や保有時の手数料が、①よりもかかりがちですので、その点は考慮する必要があります。

こちらも1万7500円程度（2015年7月時点）の少額資金からスタートすることができます。

②や③は、①をベースとして多様な市場ニーズに合わせた金融商品という位置づけで捉えてください。「『Jリート』へ投資」というと、基本は①です。②や③は、①よりも購入時や保有時の手数料が高くなることが多いため、「①よりもさらに少額資金から始められる」「高い分散効果が得られる」といった点を加味すると、まとまった資金がない方にオススメの投資スタイルといえます。

どの投資スタイルを選択するかは、各人が掲げる投資目的や運用資金額、好みなどによって変わってきます。ただ初めての方は、手軽でわかりやすい③の『ETF（上場投資信託）』からスタートしてみるのも良いでしょう。

次節からは、主に①の個別銘柄（※現状は53銘柄）に投資する際、どのような点に着目して、また注視しながら銘柄を選んでいくべきかを解説していきます。

分配金に直結する「内部成長」投資する側が注視すべき点はどこか？

収支バランスを考えた運営・管理が成されているかがポイント

まずは『Jリート』の旨味でもある分配金に関してです。

投資家が得られる分配金を維持する、もしくは効率的に増やしていくために、各投資法人がどのような施策を打ち出して、収益を増やそうとしているのかを把握しておくことは、銘柄選びにおける重要なポイントの1つになってきます。

要は、**各投資法人の「成長戦略」の内容を知ったうえで決める**ということです。

投資法人の成長は大きく分けると、「内部成長」「外部成長」の2つがあり、この言葉は運用報告書等でも頻繁に使われます。

内部成長とは、すでに保有している物件を効率良く、且つ上手に運営・管理すること

»投資法人が「内部成長」をするために必要な２つの視点

収入を増やす

- ⊙ 賃料改善
- ⊙ 稼働率改善
- ⊙ 土地／建物のさらなる有効活用

支出を減らす

- ⊙ 物件の運営・管理コスト削減
- ⊙ テナント募集コスト削減
- ⊙ 資金調達コスト（金利）削減

でより高い収益を上げ、分配金の増額を目指すことです。そのためには、**いかに「収入を増やすか」「支出を減らすか」の両視点から、具体策を講じていく必要があります。**

現在、賃貸市場において物件の供給は十分な状態であり、基本的には、「借り手市場」といえます。そのなかで賃料や稼働率を改善するためには、単に景気の良し悪しに身を委ねるだけでは不十分です。

たとえば、「バリューアップ工事により賃料維持・上昇を目指す」といった何かしらの工夫や〝攻め〟の戦略が求められます。

とはいえ、むやみに行なえば良いわけではありません。数字が伴うことが前提であり、現場の正確な状況判断、それに基づく仮説、効率的なバリューアップ工事、さらには検証等が、費用対効果を意識しつつ、迅速、且つ的確に行なわれているかどうか……このあたりは各投資法人の運営・管理の手腕が問われます。**投資する側としても、目に見える表面上の数字だけをそのまま鵜呑みにするのではなく、背景に何があるのかも知っておくべきです。**

たとえば、表面上の賃料や稼働率を死守するために、テナント募集コストをかけて、それらを維持する方法があります。

事実、リーマンショック後の数年間は、一定期間の賃料を無料にする、いわゆる「フリーレント」を6カ月ほどつけてテナント募集するケースが多々見受けられました。

この方法によって、表面上の稼働率は上昇しますし、短期的には収支が合うかもしれません。ですが、中長期の投資を考える場合、「本当にその不動産の競争力はあるのか」という視点も持って銘柄を検討するほうが賢明です。

資金調達コストを吸収できる成長力がそなわっているか？

支出を減らす点では、無駄なものを省くことは大切です。しかしながら、コストを削減し過ぎることが問題になることも。

物件の運営・管理が行き届かず、疎かになることにより、結果テナントが退去してしまうケースもあります。運営・管理には、バランス感覚が求められるのです。

またここ数年は、金利が一層低下していることにより、各投資法人もその恩恵を受け、資金調達コストが減少しています。金利低下が、分配金維持・上昇に寄与した部分は少なくありません。運用報告書等でもそうした〝文言〟を目にすることが多いです。

ただし**今後、金利上昇が始まれば、資金調達コストが増えることは、ほぼ間違いないでしょう。それを吸収できるだけの成長力が、投資法人にそなわっているかによって、銘柄にも違いが出てきますから、内部成長のなかでも分析してみることが肝要です。**

あくまで内部成長は「保有物件のなかでの勝負」であり、投資法人がワンランク上の成長を目指すには、これだけでは限界があります。築年数を経るにつれ、建物が古くなることで賃料収入も減少することを考慮すると、より高い成長を目指すうえでは、次節で説明する外部成長が不可欠です。

分配金の増額に直結する「外部成長」も見逃せないポイント

投資法人の収益力アップにつながる物件を購入しているか？

「外部成長」とは、新たに物件を取得することによって、投資法人の規模拡大をはかり、収益を増やすことです。既存の物件だけでは収益を増やすにも限界があります。

分配金の増額を目指すには、各投資法人の「内部成長」をチェックするだけにとどまらず、外部成長の有無も押さえておく必要があるのです。

そもそも『Jリート』は、不動産投資以外の事業を行なうことができないため、さらなる収益増のためには、基本的に新たな物件を取得するしかありません。

とはいえ、取得する物件は投資法人の収益力をより高めるものでなくては意味がないのですが……「不動産市況が良い」といわれるときには、大方、不動産価格が上昇しているため、良質な物件をなかなか取得しづらい実情もあります。

こうした状況を〝我慢〟する時期が長引くと、しびれを切らし、将来への〝期待〟という名のもと、収益性が低い物件を高値で購入する投資法人も出てきます。次第に「遅れはとれない」と、追随する動きが広がり、市場の過熱につながっていくわけです。

企業の業績や給与等が回復するなど、実体の経済が上向いていれば、あまり問題はありませんが、そうではないのに楽観ムードが市場に蔓延しているときは注意です‼

なお取得した物件は、既存の保有物件と比較して、「収益がどの程度か」「組み入れることで全体のポートフォリオ（立地／築年数／テナントとの契約期間／収益に占める各物件の割合）や、分配金はどうなるのか」などといった視点で判断していきます。

各投資法人のホームページには、「資産取得に関するお知らせ」等の形でプレスリリースが紹介されており、ここで新規物件の概要をチェックすることが可能です。

また、物件取得期の運用報告書にも詳細が記載されていますので、ご覧になってみると良いでしょう。

物件が高止まりしている状況では、一般に行なわれる「入札方式」での取得となると、どうしても高値にならざるを得ません。

というわけで、多様な物件情報ルートがあるか否かも重要なポイントになります。

その1つの基準が、『Jリート』の運営を主導する「スポンサー」の存在です。スポンサーに関する詳細は後述しますが、この存在は『Jリート』の物件取得にも多大な影響を及ぼします。不動産は完全なる相対取引ですので、さまざまな事情や思惑が絡むことが多々あります。何らかの理由で「公にせずにさっと売却してしまいたい」「表には絶対に出したくない」などという売り主も少なくありません。

このような情報を事前に得られれば、不動産価格が上昇しているときでも、物件を取得できる可能性は高いといえます。

ただし、得られる物件情報のすべてが、良い情報とは限りません。情報の真偽をたしかめ、本当に良い物件か否かを見極める力も、投資法人には求められます。

優先させていることは何か。投資法人のスタンスを見極める

「内部留保」にできるものが少ない『Jリート』において、物件を取得する際、基本的に「増資」を活用することになります。そのため投資主の利益を毀損する投資口の希薄

化の有無も見過ごせません（84ページ参照）。

規模の拡大や投資家の利益など、何を優先させているのかが見えてくると、各投資法人のスタンスもはっきりとわかってきます。

より的確な投資判断をするうえで、有効な〝ヒント〟にもなるでしょう。たとえば、仮に一時的な希薄化を引き起こすとしても、将来のためにどうしても取得しておきたい理由がある、収益性の低い物件をなぜ購入するのかなど、どのような戦略に基づいているか、果たしてそれが納得できるものであるのかを、自分自身で見極めることができるようになるわけです。

各投資法人は、内部成長・外部成長ともに、その時々の不動産市況によって、戦略や方針を変えていかざるを得ないと思います。むしろ変えていかなければ、ワンランク上の成長は望めないでしょう。もちろん投資する側も変更があったら、すぐに投資法人のホームページ等を確認し、分配金に及ぼす影響を想定することが肝要です。

投資法人の運営を左右する「内部留保」……できるものは何か？

現状は「売却益」の一部と「負ののれん」が可能になっています

「『Ｊリート』はその構造上、内部留保にできるものが少ない（利益を貯めにくい）ため、突発的な出来事が起きたときに、資金繰りが上手くいかないリスクがある」――。

これまでも、この点に関するお話はしてきました。

事実、２００８年～２００９年の世界的な金融危機のなかでは、「内部留保」にできるものが少ない構造であるがゆえに〝不安が不安を呼ぶ〟悪循環を生み、突如として運営の危機にさらされた投資法人も少なくありませんでした。

このような苦い経験のもと、業界では内部留保に関する制度改正を求める動きが大きくなります。結果、現在は以前よりも内部留保が持ちやすくなっています。

そこで数少ない内部留保にできるものには何があるのか、さらにはその活用法について触れておきましょう。仕組みを知ることで、『Jリート』への理解が深まり、上手な銘柄選びができるようになるはずです。

①売却益

以前は、保有物件の売却で大きな利益が出た場合でも、「税引き前利益90％超分配のルール」のもと、内部留保は難しく、1回の決算で分配せざるを得ませんでした。

投資法人の分配金推移を見ていると、一部分だけ突出したところが見られることもありますが、これは売却益によるところも多いのです。

兼ねてより、運営の安定化をはかるためにも、「売却益をどうにか内部留保にできないか」という声はあったのですが……ようやく特例活用により、現在では不動産売却益の一部を内部留保にすることが可能となりました。

このことで各投資法人の戦略は、安定性だけでなく、自由度も増したと感じます。

たとえば、オフィスビル中心の総合型ＲＥＩＴである『トップリート投資法人』は、2014年10月期の運用報告書に、以下の内容を記載しました。

「売却に伴い、約３００百万円の売却益が発生しています。～中略～ この売却益については、課税の特例を活用し、土地の売却益の60％相当分（約２００百万円）を圧縮積立金等として内部留保のうえ、それ以外の部分は第18期の分配金として投資主の皆様に還元させていただく予定です」

投資主への還元以外の部分は、「保有物件のバリューアップ費用に活用する見込みだ」ということも明記されています。

投資法人によっては、売却益をほかの保有物件の売却損と相殺するために、その期ですべて使い切って、分配金の減少を回避するケースも見られます。

何が最適であるかは、その時々の置かれた状況によって変わりますが、売却益の活用法という選択肢が増えたことは歓迎すべきでしょう。

②負ののれん

この部分は、少々小難しいと感じる方もいらっしゃるかと思いますが、すべて理解できなくても大丈夫です。ただ、このような仕組みがあることは押さえておきましょう。

»「負ののれん」とは……仕組みだけでも押さえておこう!!

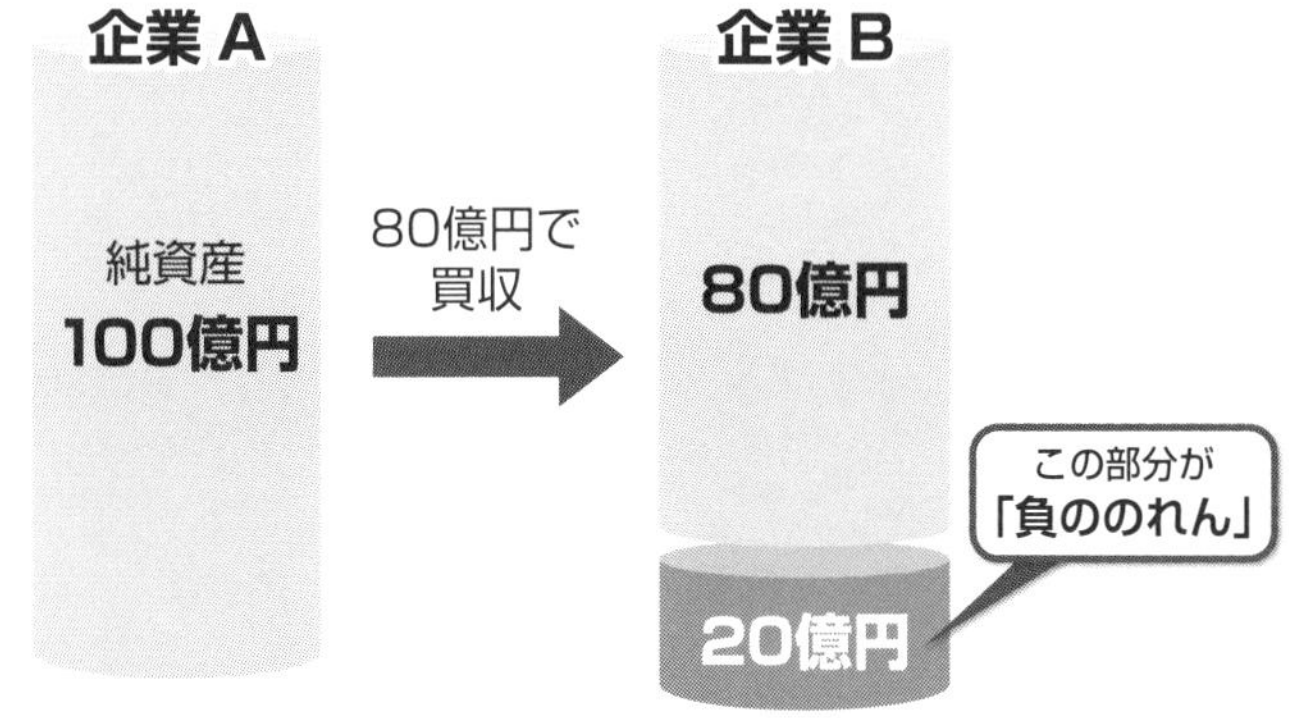

「負ののれん」

「利益」として計上できるが
「配当可能利益」からは除外
＝
内部留保として
取っておくことが可能

「負ののれん」とは、会計上の用語で、**企業や事業を買収する際に買収額(＝買収の対価)が買収される側の時価純資産額を下回る場合に生じる〝差額〟です。つまり「割安で買収した」ときに生じるものです。**

たとえば、純資産100億円の企業を80億円で買収した場合は、20億円の負ののれんが発生します。資産価値よりも、実際の購入額が20億円少ないため、会計上はその分を利益として計上することになります。

本来であれば、これも分配金の対象なのですが、配当可能利益からは除外しても良い仕組みのため、この分を内部留保として取っておくことが可能になるのです。

2008年のリーマンショック後、業績不

振に陥った『Jリート』では、いくつもの合併が行なわれました。投資口価格が大きく下落していた時期であったため、なかには純資産額よりも割安で合併し、負ののれんが発生したケースもありました。

総合型REITで資産規模最大の『ユナイテッド・アーバン投資法人』は、その一例です。２０１０年の合併に伴い、負ののれんが１２４億円も発生しています。

同投資法人は、２０１５年５月期の純利益が76億円程度ですから、その倍に匹敵する「利益」を手にしたことになります。しかも自由度の高い内部留保にできるので、そのメリットの大きさははかりしれません。

その後、何期かに渡ってこの負ののれんを活用し、分配金への一部充当が行なわれていましたが、先々の見通しが立った２０１３年11月期で一旦終了。以降は、負ののれんを使用することなく、分配金水準を維持・増額へという戦略のもと、２０１４年５月期には、その言葉どおりに目標を達成しています。

２０１４年５月末時点での負ののれん残高は77億円です。今後、「増資」時の分配金の希薄化や、物件売却時の損失発生、テナント退去による収入源への対応等、一時的に分配金の安定性が損なわれる際に活用することが明記されています。

留意点として、負ののれんは、あくまで〝会計上の利益〟であって、現金収入を伴うものではありません。そのため活用時には、実際の手元資金の流出入も含めて、きちんと考える必要があります。『Jリート』では、負ののれんという用語は比較的よく耳にしますので、その意味を覚えておきましょう。

内部留保をある程度持てるようになることで、分配金の平準化など、運営の安定化がはかれることに加え、各投資法人の戦略にも自由度が増すことは事実です。

安定性を重視しながらも、中長期に渡って緩やかに成長し続けるために、内部留保をどのように有効活用するのか——各投資法人の手腕が問われるところでしょう。

今後も税制・制度改正によって、内部留保を増やすことが可能になれば、今まで以上に投資法人の戦略にも違いが見られるはずです。動向を注視しておいてください。

もう一歩踏み込んでみると、分配金の変動要因が見えてくる

分配金の推移から仮説を立てて、分析・検証してみよう

各投資法人は、運営や分配金の安定化を目指していますが、それが一時だけのものにとどまらず、持続性があるか否かも銘柄を選ぶ際の重要なポイントです。

分配金の推移から各投資法人のスタンスをチェックしてみましょう。

大切なのは、分配金の増減の理由を表面上の数字だけを見て考えるのではなく、もう一歩踏み込んで「なぜ変動しているのか」と、自分なりに〝仮説〟を立てて、分析・検証することです。「内部成長」「外部成長」、さらには「内部留保」をどのように組み合わせて、その数字ができているのかを分析・検証します。わかりやすいのは、各投資法人の運用報告書を見ることです。変動要因に関する概要が説明されていますので、目を通しておきましょう。そのうえで、今後の安定性や成長性の有無を判断してください。

¥ 過去の実績と今後の予想分配金額も併せてチェック

分配金の変動を見る際には、過去の実績だけでなく、今後の予想分配金額も併せて見てみましょう。各投資法人は半年～1年くらい先の予想分配金額を公表しています。『Jリート』はその性格上、一般企業よりも収益の予測が立ちやすく、且つブレにくい特徴があります。ゆえに予測と実績は、比較的近い数字になりやすいです。

たとえば、【ホテル・旅館】タイプの投資法人は、突発的な出来事で稼働率が急減する可能性はありますが、ほかの用途では、基本的に契約期間が定められているので、上昇も下落もある程度は見通しが立ちやすいといえます。逆にいうと、仮に大きく変動した場合は、変動要因を必ずチェックしておくことが肝要です。

「予測できなかったことは、何なのか」――。

これを知ることは、投資法人の今後の行方を把握し、理解することにつながります。

なお、大きな変動の要因で考えられるのは、急な物件売買や「増資」が決まった場合等が挙げられます。このようなときには、各投資法人の運用報告書等にて説明がありますので、今後の展開も含め、きちんと確認することを心掛けてください。

「スポンサー」が持つ信用力は各銘柄の投資口価格にも影響大！

『Jリート』の運営・管理における〝生命線〟ともいえる存在

１０８ページでも少し触れましたが、「スポンサー」とは、『Jリート』が資産運用を委託する運用会社へ出資する〝大株主〟のことです。

資金的・人的の両面で運営を主導しており、対外的にも各投資法人の信用力をはかる基準にされているなど、その存在感は大きいといえます。**スポンサーの信用力は、各銘柄の投資口価格にも影響しますので、動向を把握しておくことは大切です。**

なおスポンサーには、大手の不動産／建設／商社／金融関係等の企業が名を連ねています。『Jリート』を代表する２つの銘柄で見ると、『日本ビルファンド投資法人』の運用会社のスポンサーは、『三井不動産』『住友生命』です。『ジャパンリアルエステイト投資法人』においては、『三菱地所』『三井物産』となっています。

»『J-REIT』と「スポンサー」はどんな関係にあるのか？

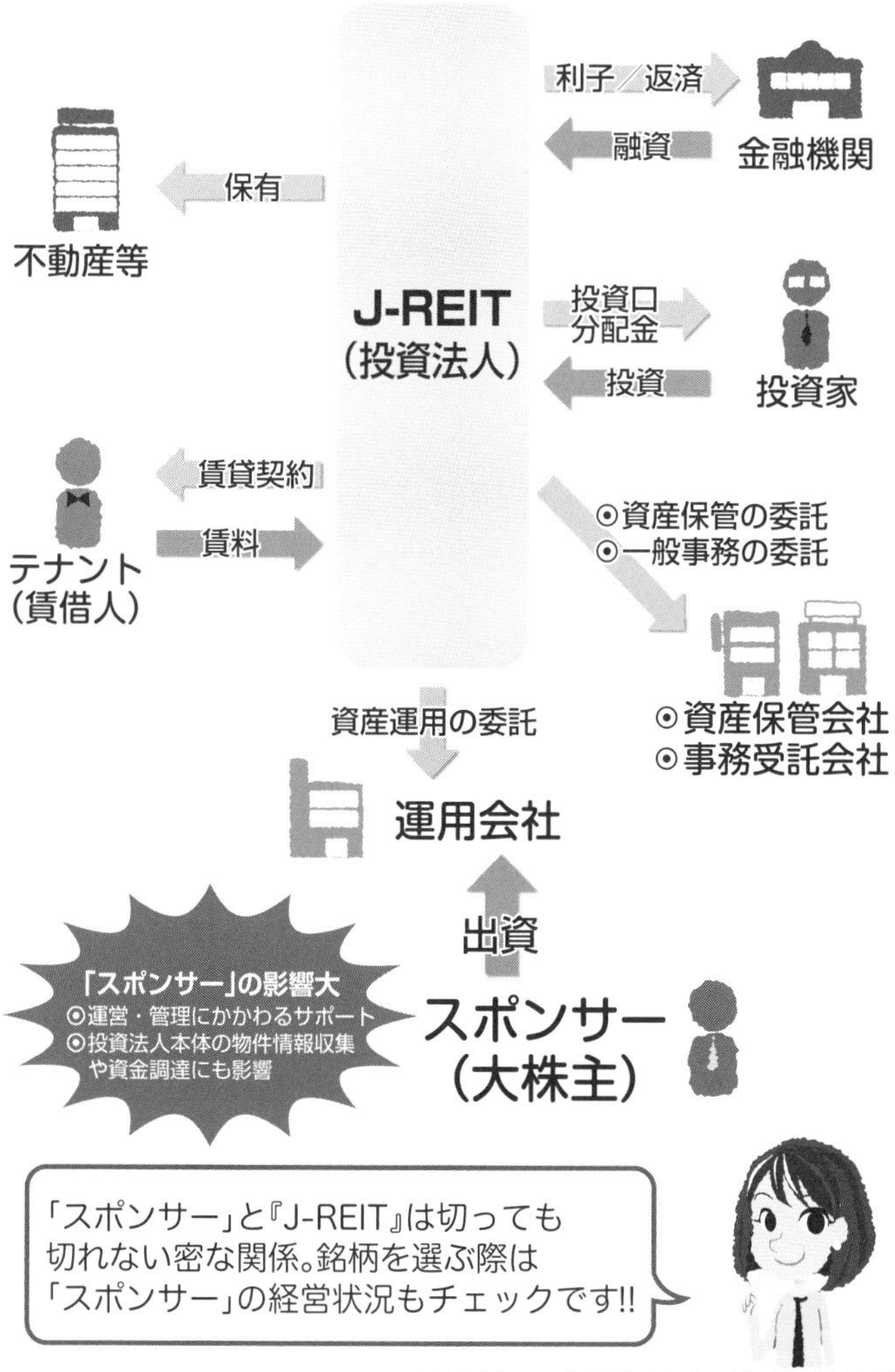

出典：積水ハウス・SIレジデンシャル投資法人データより作成

スポンサーは、『Jリート』の運営に深くかかわり、さまざまなサポートをしています。日々の運営・管理はもちろん、物件情報収集と資金調達にも多大な影響力を持っています。なかでも物件情報収集に関しては顕著です。スポンサーが多数の物件情報ルートを持っていることも多く、優良物件の情報や交渉権を得られる可能性があります。

「スポンサーが転べば、『Jリート』も転ぶ」……本当か!?

その一方で、利益相反による問題があることも見過ごせません。

スポンサーは、運営・管理に深くかかわっていることから、自分が売りたい物件を希望の価格で『Jリート』に売却することも可能です。

ですので、**スポンサーからの物件取得の場合は、特に「どのような物件であるのか」「適正な価格での売買であるのか」などといった視点が、より必要になってきます。**

また、「内部留保」にできるものが少ない『Jリート』で、資金調達力は安定的な運用と成長を目指すうえでは欠かせない力です。

本来、スポンサーと投資法人は独立した関係なのですが、現実には金融機関はスポンサーの信用力も重視しています。良い条件で融資が受けられるか否かはスポンサーによっても変わるので、「内部成長」や「外部成長」への影響は大きいでしょう。

もともとスポンサーは、運用会社の大株主ですが、市場はその立場以上に「『Jリート』の信用力≒スポンサーの信用力」と捉えていることは覚えておいてください。

『Jリート』にとって、スポンサーの存在がとても大きいことは、前述したとおりなのですが……**負の側面があることも忘れてはいけません。**

たとえば、スポンサー自体の経営状況が悪化した場合、結果的には、Jリート本体にも悪影響が及びます。以前は、多くの新興企業がスポンサーとして入っていましたが、リーマンショックを境に、その〝顔ぶれ〟が一変しました。

経営難や破たんが原因で立ち行かなくなった新興企業に代わり、大企業が新しいスポンサーとして入ったことで、『Jリート』の再編が次々と行なわれていったのです。

『Jリート』へ投資する際は、銘柄だけで判断するのではなく、スポンサーの経営状況等も含めて検討しなくてはなりません。

「どの銘柄を選べば良いのか」悩んだときのオススメ解決方法

初めての方はポータルサイトを有効活用してみよう

２０１５年7月時点で『Ｊリート』の銘柄数は53です。

株式に比べると、まだまだ少数ではありますが、それでも「いったいどの銘柄を選べば良いのか」と、悩む方は多いはず。初めての方にとっては、全銘柄の特徴等を押さえることは〝至難の業〟でしょう。途中で嫌気がさしてしまうかもしれませんね。

ポイントは、まずいくつかに絞って、そのなかで吟味することです。

この選択作業に役立つのが、以下のポータルサイトです。是非、参考にしてください。

☆『不動産投信情報ポータル』：http://www.japan-reit.com/

同サイト内の「ＲＥＩＴ情報」↓「利回り一覧」のページでは、前日の投資口価格や分配金利回りをはじめ、各投資法人の概要が一覧でまとまっています。項目により順番も入れ替えられるような設定にもなっています。

まずはこちらで、自分の投資スタンスに適した銘柄をピックアップしてみましょう。たとえば、２０１５年７月時点で投資額が20万円以内に該当するのは21銘柄。そのうち「分配金利回りは平均の３％は欲しい」とすると……18銘柄まで絞り込めます。

ここから運用不動産の特性を考えて、もっとも分散効果が得られやすい「総合型」が希望であれば、９銘柄が残ることに。「分散よりも用途別の特色が欲しい」という希望ならば、オフィスビルが1銘柄、住居では3銘柄が該当します。

対象銘柄が少ないようでしたら、投資口価格や分配金利回りの基準を変更してみるのも一案です。『Ｊリート』に興味はあるものの、何から手をつければ良いのかがわからない方は、まずはこのようにスタートしてみても良いでしょう。

同サイト内の個別銘柄情報にある「分配金」欄では、過去の分配金推移と予想分配金額を一覧で見ることができます。数字の流れをじっくり確認し、気になるところを各投資法人のホームページ、もしくは運用報告書等から一段掘り下げて見てください。

併せて、物件のポートフォリオもチェックしておきます。

前出のサイトや各投資法人のホームページも含め、用途／立地／築年数／テナントとの契約期間／収益に占める各物件の割合等によって、どのように分散がはかられているのかを確認しましょう。分散という観点でいえば、総資産額が大きければそれだけ高い分散効果が得られ、分配金も安定しやすいという見方もできます。

以上のポイントは、1つの銘柄だけを見ていても、なかなか基準がわからないと思いますので、同じ用途の銘柄をいくつか比較しながら見るようにしてください。

これを何度か繰り返すうちに、自分のなかに確たるベースができてくるはずです。

「IR説明会」にも参加して、投資に役立つヒントを頂こう

少し視点は変わりますが、各投資法人の情報をより多く入手する手段の1つとして、「IR説明会」へ足を運んでみることはオススメです。

『Jリート』は、かなりの部分で情報開示が成されており、ゆえに透明性が高いといわ

れています。それらの情報のほとんどは、各投資法人のホームページや運用報告書等で確認できますので、「わざわざ〝リアルな場〟に行かなくとも良いのでは……」と考えている方も、なかにはいらっしゃるでしょう。

ですが、**運用報告書に書かれていることの背景や経緯、裏事情はもちろん、運用報告書では詳細が省略されている余話、投資法人や投資家たちの本音などが飛び出すこともあるリアルな場には、必ず投資に役立つヒントが落ちています。**

また、ネットでは一方通行でも、リアルな場では質問をすると、プロや専門家が答えてくれますので、自分が抱く疑問を率直に聞いてみるのも良いでしょう。

説明会に参加したほかの方たちの質問も参考になります。鋭いコメントをする方もいますので、それに対して投資法人側がどう回答するか……注目してください。

なおＩＲ説明会は、個別で開催される以外にも、年に数回に渡って一般社団法人『不動産証券化協会』が主催する個人投資家向けのイベントもあります。一度に多くの投資法人の話を聞くことができるので、是非、参加してみてはいかがでしょうか。

一連の流れを押さえたら、さぁいよいよ取引スタートです

一気に解説!! 口座開設から分配金を受け取る際のルールまで

『REIT』の個別銘柄のなかから購入したい銘柄が決まったら、まず証券会社で口座を開設してください。「口座開設↓購入↓売却、分配金の受け取り」といった一連の必要な手続きの流れは、基本的に株式等と同様です。

すでに株式投資等を行なっている方は、読み飛ばして頂いて構いません。初めて証券口座を開く方もいらっしゃるかと思いますので、簡単に説明しておきましょう。

①どこで口座を開設するの？ 選ぶ際のポイントは？

『REIT』の個別銘柄と『ETF（上場投資信託）』の場合は、口座を開設するのは、基本的に証券会社（『ファンド・オブ・ファンズ』の場合は銀行での取り扱いもアリ）ですが、パソコンやタブレット等を使って取引を行なうネット証券会社、窓口等でやり取りが可能な店舗型の証券会社があります。

どちらの証券会社で口座を開設するかは個人の自由ですが、ネット証券会社のほうがコストは低めなので、ネット環境に慣れているならば、こちらがオススメですね。

ネットにどうも慣れていない、もしくは窓口で直接いろいろと相談しながら投資をしたい方は、従来の店舗型の証券会社にて口座開設をしてください。

ネット証券会社を利用する場合は、各社のホームページから口座開設の手続きができます。申込みをすると必要な書類が届きますので、必要事項に記入・捺印をしたうえで、返送しましょう。受領されると口座が開設されますので、その口座に運用資金を入金すると……いよいよ取引スタートです。

なお、ネット証券会社を選ぶ際は、売買時の手数料や使い勝手の良さなどを比較して決めると良いでしょう。使い勝手の良さは、画面の見やすさや操作のしやすさに加え、銀行等の預金口座から証券口座への入金がしやすく、且つ手数料がかからない点もポイントですね。「即時入金サービス」と呼ばれるもので、各証券会社が〝提携〟している金融機関において、インターネットバンキングの契約が成されていれば利用できます。

取引するための証券口座には、「NISA口座」「特定口座」「一般口座」の3種類があり、各々の都合に合わせて選択してください。

このうち一般口座には、現在〝固有のメリット〟はほとんどありませんので、本書でも割愛します。NISA口座で購入した商品は、分配金や売却益がすべて非課税となりますので、初めての方のなかには、この口座を選ぶ方も多いのではないでしょうか。

なお『NISA』は、非課税投資枠の上限が「1人あたり年間100万円まで（2016年より120万円）」ですので、その点は忘れないように‼

基本的には、取引の詳細を計算する手間が省ける特定口座を利用するのが便利です。さらに「源泉徴収あり」を選択することで、確定申告が不要となり、20％の源泉徴収で終わらせることができます。

ただし、「源泉徴収あり」を選択しても、複数の口座を保有していて、且つその口座間の損益通算をしたい場合は、結局自分で確定申告をしなくてはなりません。

また、確定申告をすることがデメリットになるケースもあります。

たとえば、配偶者控除を受けている場合は、所得がその要件を満たさなくなることで、配偶者控除が受けられなくなってしまう可能性があるのです。加えて所得が増えること

»取引するための口座は「特定口座」の「源泉徴収あり」で!!

	源泉徴収あり	源泉徴収なし
確定申告	不要	給与・退職以外の所得合計20万円超は必要
配偶者控除	適用	適用外の場合も
視点	⊙ 取引額が多め ⊙ 給与・退職以外の所得合計が20万円(専業主婦の場合は38万円)超 ⊙ 確定申告が面倒	⊙ 取引額が少なめ ⊙ 給与・退職以外の所得合計が20万円(専業主婦の場合は38万円)以下である

で、国民健康保険料や住民税がアップしてしまう点にも注意してください。

これらを考慮し、どちらがお得なのかを天秤にかけ、源泉徴収で課税関係を終了させたほうが良いケースもあるでしょう。

特定口座で「源泉徴収なし」の場合は、自分で確定申告をしなければなりません。

例外として、給与・退職以外の所得合計（投資による利益含む）が20万円以下（専業主婦等、そのほかに所得がない方は基礎控除範囲内38万円以下）であれば、確定申告が不要なため、税金の支払いも必要ありません。

ただし住民税は、居住地域により課税最低限度額が異なります。

なお、口座を一度つくっても、そのあとに「源泉徴収あり／なし」を変更することは可能ですが、年度の途中はできません。ゆえに20万円を超えそうかどうかは、その年の初回取引（売却、配当金・分配金受入）までに判断する必要があります。

ＮＩＳＡ口座以外では、まずは「特定口座の源泉徴収あり」で検討し、給与・退職以外の所得合計が20万円以下（専業主婦等の場合は38万円以下）になることが予想される場合は、総合的に考えて、そのうえで「特定口座の源泉徴収なし」にするメリットとデメリットを比較してみると良いでしょう。税金も、株式等と同様で、分配金や売却益に対して課税されます。ＮＩＳＡ口座以外は、基本的にどちらも20％です。

②売買単位と注文方法はどうなっているの？

現在上場している『Ｊリート』の売買単位は、すべて１口です。画面に並ぶ投資口価格が、そのまま１口売買の金額となります。

注文方法は、「○○円で買い（売り）ます」という「差し値注文」、もしくは「今の流れのなかでとにかく買い（売り）ます」という「成り行き注文」のいずれかです。

リアルタイムで取引できますが、あらかじめ注文等の設定をしておけば、その場にい

»分配金を受け取るにも〝一定のルール〟がある!!

8月末が決算期だとすると……

8月

SUN	MON	TUE	WED	THU	FRI	SAT
23	24	25	26 3営業日前 権利つき取引の最終日	27 権利落ち日	28	29 休場
30 休場	31 権利確定日	1	2	3	4	5

「権利確定日」の3営業日前／分配金を受け取る権利つき取引の最終日
権利つき取引の翌日／この日に購入しても分配金はもらえないが、売却ならば受け取れる

なくとも指定どおりに決済をしてくれます。

③分配金の受け取りはどうするの？

分配金を受け取るには〝一定のルール〟があります。これも株式等と同様です。

まず**各投資法人の決算期である「権利確定日」の3営業日前までに、投資口を購入する必要があります。**この日が、分配金を受け取る権利つき取引の最終日となります。

権利つき取引の翌日は、「権利落ち日」といって、ここで購入しても分配金はもらえません。売却ならば受け取れます。

分配金狙いで、権利つき取引の最終日近くで購入しようとした場合は、投資口価格が上昇することもあると覚えておきましょう。

証券コード	投資法人	用途
8951	日本ビルファンド投資法人	オフィスビル
投資口価格(円)	分配金利回り(%)	時価総額(百万円)
540,000	2.86	762,480

証券コード	投資法人	用途
8952	ジャパンリアルエステイト投資法人	オフィスビル
投資口価格(円)	分配金利回り(%)	時価総額(百万円)
558,000	2.83	730,595

証券コード	投資法人	用途
8953	日本リテールファンド投資法人	商業施設
投資口価格(円)	分配金利回り(%)	時価総額(百万円)
240,500	3.48	584,463

証券コード	投資法人	用途
8954	オリックス不動産投資法人	総合型
投資口価格(円)	分配金利回り(%)	時価総額(百万円)
177,300	3.08	396,396

証券コード	投資法人	用途
8955	日本プライムリアルティ投資法人	複合型
投資口価格(円)	分配金利回り(%)	時価総額(百万円)
383,000	3.41	334,359

証券コード	投資法人	用途
8956	プレミア投資法人	複合型
投資口価格(円)	分配金利回り(%)	時価総額(百万円)
670,000	3.26	176,477

証券コード	投資法人	用途
8957	東急リアル・エステート投資法人	複合型
投資口価格(円)	分配金利回り(%)	時価総額(百万円)
152,300	3.20	148,888

証券コード	投資法人	用途
8958	グローバル・ワン不動産投資法人	オフィスビル
投資口価格(円)	分配金利回り(%)	時価総額(百万円)
463,000	2.25	89,729

証券コード	投資法人	用途
8959	野村不動産オフィスファンド投資法人	オフィスビル
投資口価格(円)	分配金利回り(%)	時価総額(百万円)
557,000	3.27	207,512

»『J-REIT』53銘柄の一覧表

証券コード	投資法人	用途
8960	ユナイテッド・アーバン投資法人	総合型

投資口価格(円)	分配金利回り(%)	時価総額(百万円)
175,300	3.31	463,548

証券コード	投資法人	用途
8961	森トラスト総合リート投資法人	総合型

投資口価格(円)	分配金利回り(%)	時価総額(百万円)
240,300	3.00	317,196

証券コード	投資法人	用途
8964	フロンティア不動産投資法人	商業施設

投資口価格(円)	分配金利回り(%)	時価総額(百万円)
546,000	3.44	270,816

証券コード	投資法人	用途
8966	平和不動産リート投資法人	総合型

投資口価格(円)	分配金利回り(%)	時価総額(百万円)
92,600	3.70	88,076

証券コード	投資法人	用途
8967	日本ロジスティクスファンド投資法人	物流施設

投資口価格(円)	分配金利回り(%)	時価総額(百万円)
248,300	3.12	206,089

証券コード	投資法人	用途
8968	福岡リート投資法人	総合型

投資口価格(円)	分配金利回り(%)	時価総額(百万円)
216,900	3.19	162,024

証券コード	投資法人	用途
8972	ケネディクス・オフィス投資法人	総合型

投資口価格(円)	分配金利回り(%)	時価総額(百万円)
614,000	3.36	248,599

証券コード	投資法人	用途
8973	積水ハウス・SIレジデンシャル投資法人	住居

投資口価格(円)	分配金利回り(%)	時価総額(百万円)
128,600	3.30	130,929

証券コード	投資法人	用途
8975	いちご不動産投資法人	総合型

投資口価格(円)	分配金利回り(%)	時価総額(百万円)
88,200	3.79	124,920

証券コード	投資法人	用途
8976	大和証券オフィス投資法人	オフィスビル
投資口価格（円）	分配金利回り（%）	時価総額（百万円）
588,000	3.25	284,592

証券コード	投資法人	用途
8977	阪急リート投資法人	総合型
投資口価格（円）	分配金利回り（%）	時価総額（百万円）
136,100	3.72	81,320

証券コード	投資法人	用途
8982	トップリート投資法人	総合型
投資口価格（円）	分配金利回り（%）	時価総額（百万円）
522,000	3.72	91,872

証券コード	投資法人	用途
8984	大和ハウス・レジデンシャル投資法人	住居
投資口価格（円）	分配金利回り（%）	時価総額（百万円）
281,600	3.17	210,564

証券コード	投資法人	用途
8985	ジャパン・ホテル・リート投資法人	ホテル
投資口価格（円）	分配金利回り（%）	時価総額（百万円）
82,400	2.91	258,763

証券コード	投資法人	用途
8986	日本賃貸住宅投資法人	住居
投資口価格（円）	分配金利回り（%）	時価総額（百万円）
85,500	3.98	140,225

証券コード	投資法人	用途
8987	ジャパンエクセレント投資法人	オフィスビル
投資口価格（円）	分配金利回り（%）	時価総額（百万円）
141,900	3.50	172,089

証券コード	投資法人	用途
8963	インヴィンシブル投資法人	総合型
投資口価格（円）	分配金利回り（%）	時価総額（百万円）
68,800	2.93	183,606

証券コード	投資法人	用途
3226	日本アコモデーションファンド投資法人	住居
投資口価格（円）	分配金利回り（%）	時価総額（百万円）
470,000	3.22	227,725

証券コード	投資法人	用途
3227	MCUBS MidCity投資法人	オフィスビル

投資口価格(円)	分配金利回り(%)	時価総額(百万円)
364,000	3.30	69,897

証券コード	投資法人	用途
3234	森ヒルズリート投資法人	オフィスビル

投資口価格(円)	分配金利回り(%)	時価総額(百万円)
157,800	3.02	247,752

証券コード	投資法人	用途
3240	野村不動産レジデンシャル投資法人	住居

投資口価格(円)	分配金利回り(%)	時価総額(百万円)
696,000	3.33	111,917

証券コード	投資法人	用途
3249	産業ファンド投資法人	複合型

投資口価格(円)	分配金利回り(%)	時価総額(百万円)
554,000	3.30	195,320

証券コード	投資法人	用途
3269	アドバンス・レジデンス投資法人	住居

投資口価格(円)	分配金利回り(%)	時価総額(百万円)
301,000	3.01	391,300

証券コード	投資法人	用途
8979	スターツプロシード投資法人	住居

投資口価格(円)	分配金利回り(%)	時価総額(百万円)
195,300	4.12	33,939

証券コード	投資法人	用途
3278	ケネディクス・レジデンシャル投資法人	住居

投資口価格(円)	分配金利回り(%)	時価総額(百万円)
361,000	3.40	126,021

証券コード	投資法人	用途
3279	アクティビア・プロパティーズ投資法人	総合型

投資口価格(円)	分配金利回り(%)	時価総額(百万円)
1,042,000	3.15	288,772

証券コード	投資法人	用途
3263	大和ハウスリート投資法人	複合型

投資口価格(円)	分配金利回り(%)	時価総額(百万円)
522,000	3.25	183,065

証券コード	投資法人	用途
3281	GLP投資法人	物流施設

投資口価格(円)	分配金利回り(%)	時価総額(百万円)
119,300	3.68	285,214

証券コード	投資法人	用途
3282	コンフォリア·レジデンシャル投資法人	住居

投資口価格(円)	分配金利回り(%)	時価総額(百万円)
261,600	3.28	123,947

証券コード	投資法人	用途
3283	日本プロロジスリート投資法人	物流施設

投資口価格(円)	分配金利回り(%)	時価総額(百万円)
228,500	3.42	395,476

証券コード	投資法人	用途
3285	野村不動産マスターファンド投資法人	複合型

投資口価格(円)	分配金利回り(%)	時価総額(百万円)
157,700	3.18	262,612

証券コード	投資法人	用途
3287	星野リゾート・リート投資法人	ホテル

投資口価格(円)	分配金利回り(%)	時価総額(百万円)
1,368,000	2.65	67,975

証券コード	投資法人	用途
3290	SIA不動産投資法人	複合型

投資口価格(円)	分配金利回り(%)	時価総額(百万円)
483,000	4.55	36,273

証券コード	投資法人	用途
3292	イオンリート投資法人	商業施設

投資口価格(円)	分配金利回り(%)	時価総額(百万円)
162,600	3.28	177,267

証券コード	投資法人	用途
3295	ヒューリックリート投資法人	総合型

投資口価格(円)	分配金利回り(%)	時価総額(百万円)
173,100	3.27	135,191

証券コード	投資法人	用途
3296	日本リート投資法人	オフィスビル

投資口価格(円)	分配金利回り(%)	時価総額(百万円)
289,700	4.92	88,086

証券コード	投資法人	用途
3298	インベスコ･オフィス･ジェイリート投資法人	オフィスビル
投資口価格(円)	分配金利回り(%)	時価総額(百万円)
104,700	4.31	56,769

証券コード	投資法人	用途
3308	日本ヘルスケア投資法人	ヘルスケア施設
投資口価格(円)	分配金利回り(%)	時価総額(百万円)
247,100	3.20	15,024

証券コード	投資法人	用途
3451	トーセイ・リート投資法人	総合型
投資口価格(円)	分配金利回り(%)	時価総額(百万円)
131,500	4.33	12,624

証券コード	投資法人	用途
3309	積水ハウス・リート投資法人	総合型
投資口価格(円)	分配金利回り(%)	時価総額(百万円)
134,500	3.61	106,793

証券コード	投資法人	用途
3453	ケネディクス商業リート投資法人	商業施設
投資口価格(円)	分配金利回り(%)	時価総額(百万円)
287,300	4.00	74,913

証券コード	投資法人	用途
3455	ヘルスケア＆メディカル投資法人	ヘルスケア施設
投資口価格(円)	分配金利回り(%)	時価総額(百万円)
134,300	1.95	16,183

証券コード	投資法人	用途
3459	サムティ・レジデンシャル投資法人	住居
投資口価格(円)	分配金利回り(%)	時価総額(百万円)
97,700	3.42	15,958

証券コード	投資法人	用途
3460	ジャパン・シニアリビング投資法人	ヘルスケア施設
投資口価格(円)	分配金利回り(%)	時価総額(百万円)
―	―	―

※ 53銘柄のデータは 2015 年 7 月 1 日時点のものを反映しています

※『ジャパン・シニアリビング投資法人』は 2015 年 7 月 29 日上場のため空欄

第4章

必ずリスクを理解する!!
投資に参加する者の鉄則です

『Jリート』のリスクとは？絶対に押さえておくべき大切なこと

「どこまでが許容範囲なのか」を投資前に決めておく

これまでに数多くの投資経験を積まれた方も、これから初めて投資をされる方も、自己判断のもとで投資の世界に参入したら、その段階で、誰しもが1人の投資家。

自分の「読み」や思惑がピタリと当たって上手く利益を手にすることもあれば、その逆もしかりです。思わぬ損失を被ってしまうこともあるでしょう。

しかし、投資家である以上、それらのすべては「自己責任である」と、肝に銘じておかなければなりません。

「儲けたいけれど、損はしたくない」……。

私自身も投資を行なう1人なので、その想いはよくわかります。ですが、常に利益を得られるほど投資の世界は甘くありません。むしろときに〝悪魔のような非情な一面〟

も垣間見せます。そのときに泣く泣く投資の世界から徹底する状況に陥らないためにも、自分がこれから投資する金融商品のリスクをきちんと理解しておくべきです。

『Jリート』も、金融商品の1つ。「株式よりも低リスクで、安定性があって、比較的高い収益が期待できる‼」とうたっていますが、リスクがないわけではありません。

投資家のなかには、『Jリート』の旨味だけに着目して、銘柄を選ぶ方もいますが、その前にこの金融商品が持つリスクを理解することが大切です。

そして、「どのくらいまでならば、リスクの許容範囲か」といったことを、運用資金と照らし合わせて考えてください。

本章をお読み頂き、しっかりとリスクを把握しておきましょう。

「元本や分配金の保証ナシ」――金融商品ならではのリスク

『Jリート』は、株式や債券等とはちょっと違う独自の個性を持ち合わせた金融商品なのですが……元本や分配金が保証されているわけではありません。

まずはこの大切なことをきちんと押さえておいてください。

「比較的安定している」といわれることが多いため、つい安心しがちですが、このリスクがなくなることはありません。

また『Jリート』は、不動産からの賃料収入や売却益を分配金の源泉としていますので、「不動産投資」という要素も孕んでいますが、基本的には、金融商品ですので、それに伴ったリスクが、当然にあります。

まずは金融商品であるがゆえのリスクに関して、代表的なものを見てみましょう。

そのうえで、次節以降に不動産投資ならではのリスクを解説していきます。

◎価格変動が大きい

「実物不動産と違い、流動性があるのがメリット」

このようにいわれる『Jリート』——。ですが、逆にこれが〝裏目〟に出てしまうこともあります。**リアルタイムで取引できるということで、たとえば、市場に何か悪材料が出た場合、各投資法人の運営状況とは直接関係のないところで大きく売られ、この流れが加速すると〝売りが売りを呼ぶ〟状態になる可能性があるのです。**

価格の振れ幅が実体以上に大きくなってしまうことも十分に起こり得ます。

◎需給関係に大きく影響される

株式相場でも、需要が多ければ株価は上昇し、供給が多ければ下落する。いわゆる需給関係が株価に影響を及ぼす話はよく聞きますが、『Jリート』も同様です。

Jリート自体に特別な理由がなくとも、機関投資家等の大きな資金を動かす投資家の事情・動向によって相場が動くことがあります。

また、新規上場や「増資」が集中すると、需要と供給のバランスで価格が下落することもよくあるものです。特にアベノミクス以降は、総じて市況が良くなっていることで新規上場や増資が増えています。新聞やニュース等で「需給関係に注目‼」といった内容を目にしたことがあるでしょう。

さらに株式と比較して、増資の頻度が高いことも影響が大きくなる要因です。

◎投資家の事情・動向に引きずられる

前述しました機関投資家等の事情・動向にも関係しますが、決算等での「利益調整」に使われることもあります。

たとえば、利益が乗っている『Jリート』を売却することで、利益を出したい以外に、ほかで損失を被ったために『Jリート』を売却して相殺するといった理由から、価格が変動するケースも少なくありません。

また、**ほかの投資商品での運用では、低収益のため、相対的に見て比較的安定したなかで、高い収益が見込めるREIT市場に資金が流入するといったことも、ときとして起こり得ます。**『Jリート』に〝特化〟した話ではありませんが、流動性があるものは、このような目的で使われることも珍しくないのです。

◎増資時の投資口価値の希薄化

増資に伴い、保有投資口が希薄化する可能性があるのは、株式等も同様ですね。ただし『Jリート』**の場合は、「外部成長」に増資はつきものですので、必然的に頻度は高くなります。ゆえに増資の際には、その質を見極めなくてはなりません。**

大幅な希薄化など、投資主を軽視するような増資が続くようでしたら、早々に見限る投資家も出てくるでしょう。新たな資金流入が減少することも大いに考えられます。

結果、投資口価格が低迷し、増資も難しくなれば、ますます成長が見込めなくなる悪循環に陥る可能性も十分にあり得ます。各投資法人の成長と増資は〝密な関係〟にありますので、各投資法人の動向には目を光らせておくべきです。

基本的に個人投資家の場合は、機関投資家のように「ここで絶対に売却しなくてはならない」といった事情に陥ることは、まずないはず。中長期で保有することを前提にしている方が大多数を占めているからです。

Jリート自体に問題はなく、「ほかの要因による一時的な下げだ」と判断できれば、「買い場」ともいえます。逆に相場全体に引きずられて、割高になっていることも。

何かのきっかけで相場が下がったときには、割高だった分、下げがきつくなる（本来の評価に戻っただけですが……）ことも考えられますので、購入時には冷静に判断しなくてはなりません。

金融商品だからこそあり得る値動きの特徴を理解し、投資に活かしましょう。

分配金は一定ではありません!!
空室や賃料水準の低下で大幅ダウンも

保有物件数やテナント数が少ないと分散効果も得られにくい

ここからは、不動産に投資するがゆえに生じるリスクを取り上げていきます。

まずは、何といっても空室や賃料水準が低下することにより、収入が減少するリスクです。これらが分配金に及ぼす影響は、大きく以下の2点が挙げられます。

1点目は**〝目先〟の分配金に直結する**ことです。

なかでも保有物件数やテナント数が少ない場合は、テナントの退去や賃料交渉による稼働率の低下、賃料収入の減少によって受け取る分配金に及ぼす影響は大きくなります。

一般にテナント数の多い住居は分散が効いており、それにオフィスビルが続き、テナント数が少ない物流施設や商業施設は分散効果が得られにくいといえます。

とはいえ、賃貸契約は住居で1年～2年、オフィスビルで2年～5年、商業施設や物流施設においては5年～20年というものが大半を占めますから、ある程度先の見通しは立ちやすいでしょう。仮に契約期間中であっても、テナントが一定期間前の通知を行なうことで契約解除ができるケースもありますが、それでも通知は住居で1カ月、オフィスビルで半年程度と、期間が定められているはずです。

なお、中・大型テナントに関しては、退去予告やその後の状況等が運用報告書等でも大きく取り上げられることがありますので、注意深くチェックしてください。

いかに空室・賃料減少を抑えるか。投資法人が抱える難題

もう1点、空室や賃料水準の低下は、物件の売却価格にも影響を及ぼします。

これは〝将来〟の分配金への影響ともいえるでしょうね。

『Jリート』を含め、収益不動産の世界では、基本的に買い手は不動産から得られる収益性を重視し、それによって価格が決まります。これを「収益還元法」と呼びます。

収益還元法には、「直接還元法」「ＤＣＦ法」の2種類があり、前者は単年度の収益を

対象としたものです。次ページの計算式で求めます。

他方、後者のＤＣＦ法とは、売却までに得られる純収益と売却時の価格も想定し、それを現在価値に割り戻して算出するものです。説明が複雑になるため、本書では割愛しますが、いずれも「物件から上がる収益がカギになる」点は共通しています。

なお、次ページの計算式に出てくる**「還元利回り」とは、簡潔に述べると、「投資家が期待する利回り」のことです。時期や場所等により変動します。**

不動産市況が良い時期は、還元利回りが低いので価格が上昇、逆に市況が良くない時期は、還元利回りが高くなるため価格が下落するわけです。

たとえば、50億円の物件で賃料が年間３億円（還元利回り：６％）であったものが、90％の２億７０００万円に減少すると、還元利回りが変わらないとすれば、売却価格にも10％の違いが出ます。この場合は、５億円の差で金額としても少なくありません。

なかには資産性等を重視した購入もありますが、収益性が重要なポイントであることに変わりはありません。保有者は、購入から売却までの期間において、どのくらい賃料を維持できるかは、高値で売れるか否かに直結することになります。

»単年度の収益を対象とした「直接還元法」

不動産価格（直接還元法）　＝　**純収益**　÷　**還元利回り**

時期や場所等により変動

例1　還元利回り 5%の場合

純収益 1000万円であれば、不動産価格は2億円
純収益 1500万円であれば、不動産価格は3億円

収益減になれば、不動産価格も下落

例2　純収益 1000 万円の場合

還元利回り5%であれば、不動産価格は2億円
還元利回り7%であれば、不動産価格は1億4300万円

還元利回りによる不動産価格の違い

このため、**いかにして空室や賃料収入の減少を抑えるかは、現在の分配金への影響、ならびに将来に渡る問題にもなってきますので、各投資法人も試行錯誤するわけです。**

第3章の「内部成長」でも触れましたが、家賃を下げずにフリーレント等の条件を駆使して、何とかテナントを確保する動きには、このような事情もあるといえます。

これは実物不動産を保有する賃貸経営者も同様です。特に2000年代に台頭してきたいわゆる個人投資家の多くは、「出口戦略」まで想定した〝トータル収支〟を常に考えて行動しています。ゆえに保有中の賃貸経営においては、可能な限り、賃料減少を避け、代替案を検討する傾向が見られます。

不動産は〝生きもの〟です。避けては通れない老朽化のリスク

中古物件の評価が見直されてはいるが、未だ日本では低い実情

不動産特有のリスクの1つに、「建物の老朽化」が挙げられます。

建物が老朽化することで、テナントが決まりにくい、空室が増加する、賃料収入が減少するといったことが起こり、しいては分配金の増減にかかわってきます。

中古物件の流通割合が高い欧米などでは、古い建物であってもメンテナンスを繰り返し行なっていれば、賃料が大幅に減少することは多くありません。

ところが……ひと昔前の日本では、欧米と相反する考えがありました。

「中古物件＝見劣りする物件」といった負のイメージが根強くあったために、既存物件が老朽化すれば、収益力も低下する傾向が多々見受けられたのです。

ようやくここ数年、中古物件の評価やその活用法が見直されたこともあり、大規模なリフォームやリノベーションを実施することで、不動産の再生を目指す動きが活発化しています。**事実、通常の建物管理や外壁の修繕・防水等の大規模な修繕を含めた機能維持に必要なメンテナンス等を行なうことはもちろん、それ以上の付加価値をつけたバリューアップ策にも、さまざま〝趣向〟をこらす投資法人が増えてきています。**

商業施設特化型の『フロンティア不動産投資法人』は、その一例です。

同投資法人は、バリューアップ策の実現により、確実に「内部成長」が見込めるものとして、２０１４年12月期で行なった『イオン茨木ショッピングセンター』の大規模なリニューアルの際、テナントである『イオン』と新たな契約を結んでいます。

契約内容には、リニューアルに際し、同投資法人が投資した金額8億円を、今後の賃料として回収することが含まれており、総額は投資金額以上が見込まれるとのこと。

前出のバリューアップ策にとどまらず、本格的な建て替えをする選択肢もあります。

商業施設特化型の『日本リテールファンド投資法人』は、代表例の1つです。

東京の表参道にある１９８２年に建てられた商業施設の建て替えを、２００６年～

２００７年に行なっています。「まだ使用は十分に可能だ」と思われましたが、隣接地の追加取得を得られたこと、商業施設としての競争力が衰えたことにより、建て替えプロジェクトが進められたのです。

老朽化物件を建て替えることで、新築物件を取得するのと同じ効果が得られるため、成功例が増えれば、マーケットが過熱気味で良質な物件を取得しづらい時期にも検討材料の1つになり得ます。ただ、あくまで好立地に限った場合の話ですが……。

なお建て替える場合は、一時的に分配金が減少する可能性がありますので、それをどのように回避していくのかは、要確認事項です。

建物は、築年数を経るにしたがって、かかる経費も増えていきます。工事等である時期は賃料が入ってこないことも。ゆえに保有物件においては、築年数の分散ができているか否かも、分配金の安定化をはかるうえで重要なポイントです。運用報告書等で収益全体に占める各物件の比率がわかりますので、チェックしておきましょう。

老朽化対策の実施によって得られるもう1つの利点とは？

老朽化対策は、空室や賃料収入の減少をなるべく避ける目的で行なわれることが多いのですが、**もう1点、売却時にも有効だと考えられています。つまり収益性を維持することにより、売却価格がアップする可能性もあるということです。**

前述しましたが、『Jリート』を含め、収益不動産の世界では、基本的に収益還元により、売却価格が決まります。老朽化によって賃料が80%になるところを、対策で90%にとどめることができれば、「還元利回り」に変化がない場合は、売却価格に10%の違いが出るわけです。そのため修繕・バリューアップ策をどのように考え、且つ実現していくかは、投資法人の経営戦略によるところが大きいといえます。

以前、懇意にさせて頂いています税理士の先生が「賃貸経営は維持費をかけ過ぎても、かけなさ過ぎても失敗する。そういうケースをたくさん見てきた」と、おっしゃっていました。まさにそのとおりだと思います。

適切な投資を行なうことと、その結果に得られる成果や効果を分析・検証することの〝両輪〟が上手くかみ合い、良い循環を常に生み続けられることが、投資法人の将来に深くかかわってくると、私は考えています。

金利の動向は良くも悪くも大切な分配金に影響を及ぼします

長らく続く低金利。今のところＲＥＩＴ市場に追い風ですが……

『Ｊリート』の運営・管理において、金融機関からの資金調達は欠かせません。

金利は毎期生じるランニングコストになりますから、良くも悪くも収益に作用します。

たとえば、金利が上昇すれば、収益を圧迫することになり、逆に金利が下落すれば、収益アップに。これもリスクの１つといえるでしょう。

周知のとおり、日本経済は長らく低金利が続いている状況です。

金利低下は分配金を押し上げる効果があるため、ＲＥＩＴ市場にとっては、まさに追い風であり、投資口価格が上昇基調である要因にもなっています。

仮に１００億円を５年で調達した場合、金利１．５％と１％では、支払利息の総額で億単位ほどの違いになることも。0・5％の違いですが、収入減を補ったり、また物件のバリューアップ策を行なうための修繕費の一部にもなる金額です。

最近でいうと、2014年1月〜6月が決算だった銘柄の集計では、有利子負債は前年同期比で7％増加に対し、支払利息は6％減少したとのこと（※2014年9月13日日本経済新聞より）。確実に〝金利低下の恩恵〟を受けていることがわかりますね。

こうした状況は、各投資法人の運用報告書等で確認することが可能です。

たとえば、住居特化型の『アドバンス・レジデンス投資法人』では、2015年1月期の運用報告書によると、1年前と比較して、平均支払金利が「1・26％→1・21％」で、平均残存年数は「3・8年→4・1年」に、固定化比率においては「93・5％→99・8％」になっています。金利は下げつつ、調達の長期固定化をはかることで、リスクに備える動きを進めているといえるでしょう。

金融緩和の終了や利上げで投資口価格が下がる可能性も!!

一方、低金利に慣れ切ってしまったマーケットは、金利動向に敏感に反応する傾向が見られます。2015年1月末～2月上旬にかけて、一時、長期金利が乱高下した期間がありました。株式市場と比較して、REIT市場は反応がやや大きく出た印象です。『Jリート』は、2014年10月末の日銀追加緩和の発表から年始にかけて、ほぼ一本調子で上昇してきたこともあり、「高値警戒感が続くなかで利益確定売りのきっかけになったのでは？」といった指摘もチラホラあったと聞きます。

ですが、そのあとに〝大崩れ〟はしていません。

大きな下落にはなっていないとはいえ、その後の投資口価格は「ボックス圏にある」といえます。理由の1つに、長期金利がジワリジワリと上昇してきていることが挙げられるでしょう。今後の動向によっては、投資口価格も変動しそうです。

金融緩和の終了や利上げが意識され始めるようになると……一時的に、投資口価格が下げに転じることが予想されます。景気回復に根ざしたものであるならば、その時期を経て、堅実に成長していく可能性が高まることでしょう。

ただし、金利上昇には景気回復に伴うものだけではなく、財政悪化に起因する場合もあり得ます。いわゆる「悪い金利上昇」というもので、賃料上昇等のプラス要因が見込

»長期金利の乱高下にやや大きく反応した「東証REIT指数」

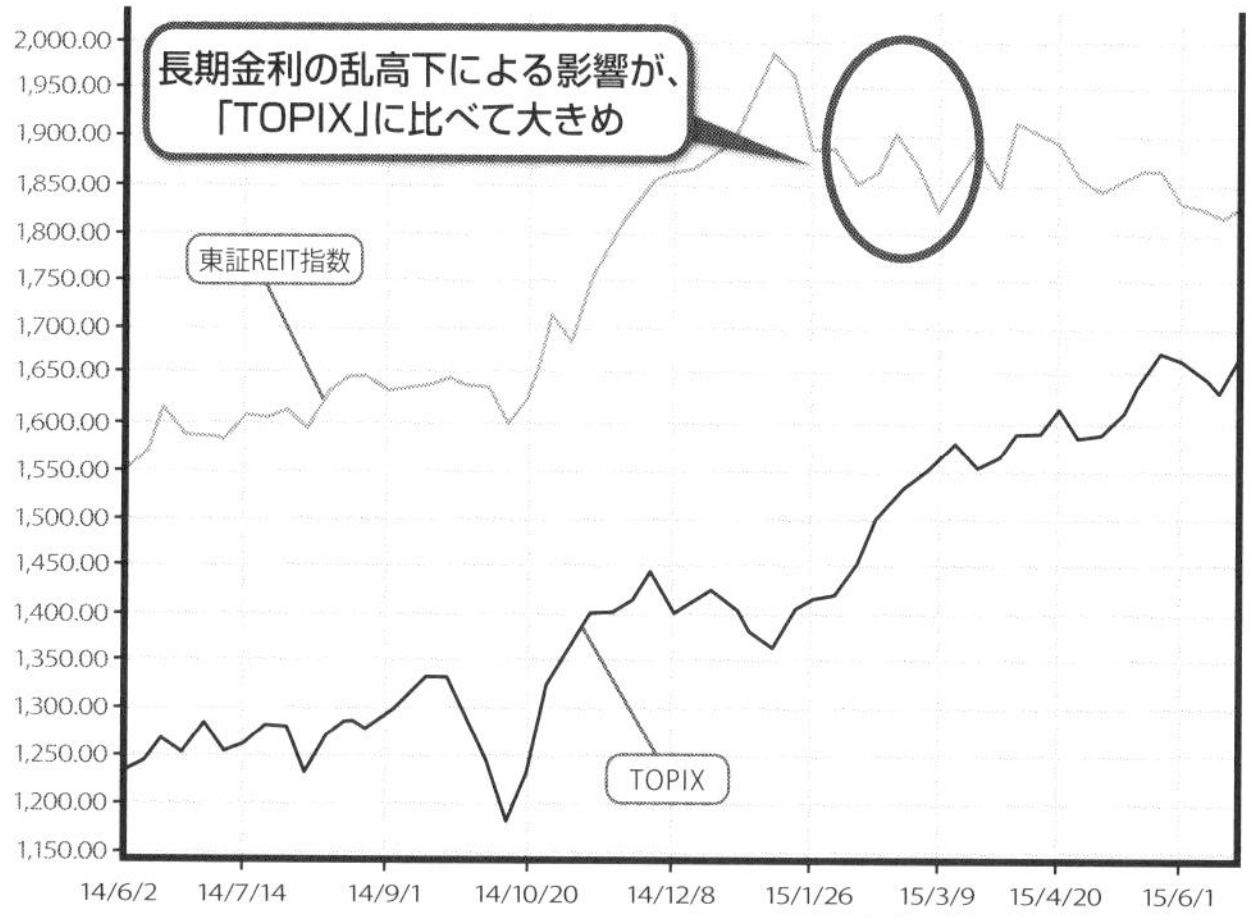

出典：東京証券取引所データより作成

めないため、分配金が減少していくのみになってしまうリスクがあるのです。

ここは留意しておく必要がありますね。

今後、まずは金融緩和の終了が予測される1年〜2年先に借り換え時期がある借入や変動金利の割合、さらには借り換え時期が分散されているか否かに着目します。

そして、それらを吸収できるだけの分配金安定力（成長力）が、投資法人にあるかどうかを見極めていくのです。

地震や火災等の予期せぬ事態。不動産の収益性が低下する可能性アリ

地震大国のニッポンでは特に用心しておきたいリスク

もしも地震や台風、火事等による災害や予期せぬ事象等で、保有する不動産が物理的な損害を被ったり、使用できなくなる状態に陥った場合、不動産の資産価値や収益性が低下する可能性があります。被害の状況次第では、賃料収入が途絶えたり、損害に伴う修繕費用が発生することも十分にあり得るでしょう。

「一時的であるのか」「長期に渡るのか」の判断は、損害の状態によるところが大きいですが、いずれにしても、このような事態が引き起こされると、本来、投資家側が得られるであろう分配金が減少することは否めません。

それでもポートフォリオに分散が効いていれば、ダメージを小さく抑えることはできます。ゆえに各物件の収益に占める割合は、ここでもポイントになります。

»大震災後に下落したものの戻りが早かった「東証REIT指数」

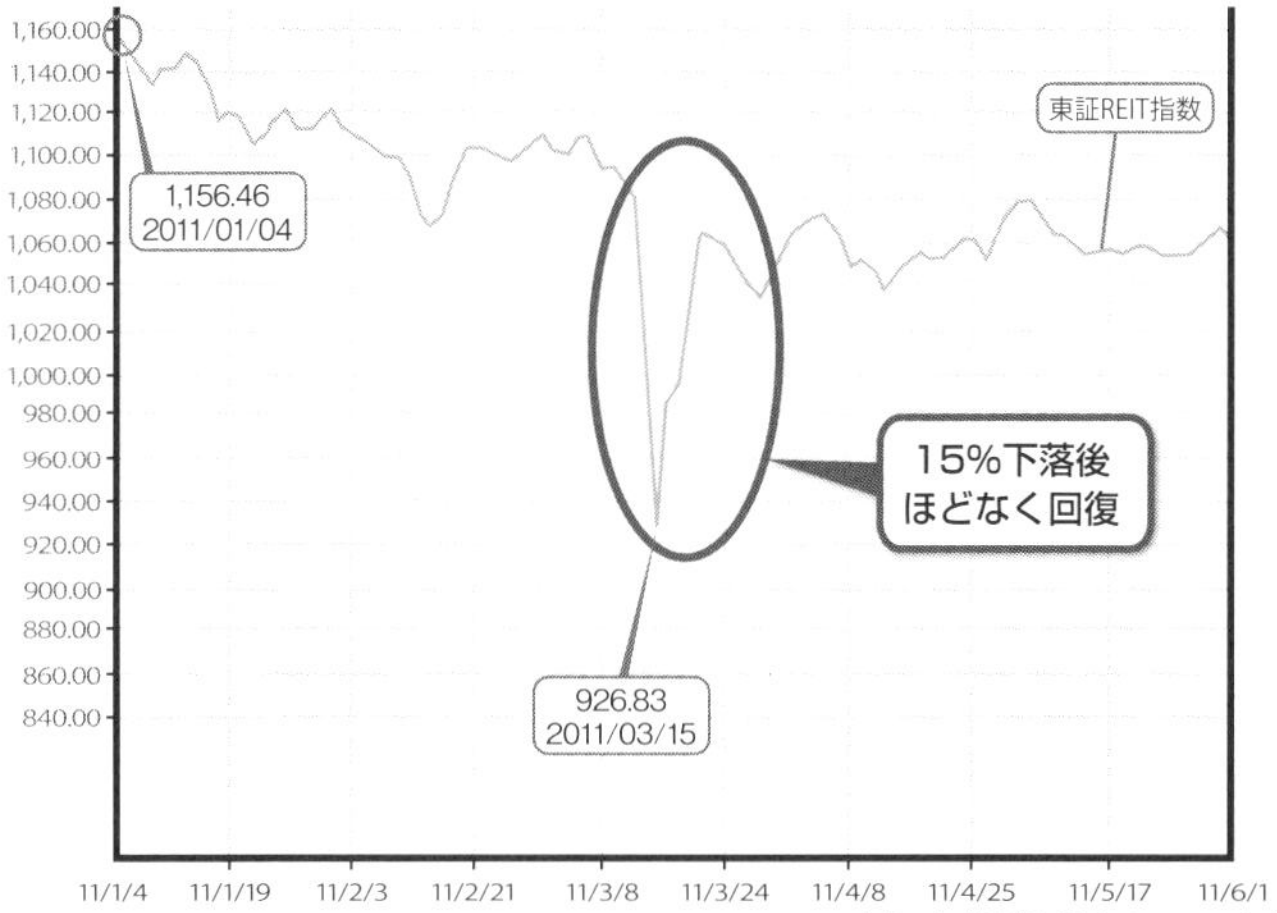

出典：東京証券取引所データより作成

「地震大国ニッポン」といわれるほど、全国各地で頻繁に地震が起きる日本においては、地震による被害想定もリスクとして捉えておきましょう。**いわゆる「災害リスク」です。**

日本の不動産市場で、このリスクの怖さが〝再認識〟されたのは、2011年3月に起きた東日本大震災でした。ただ結果的には、この大震災が『Jリート』が保有する不動産へ及ぼした被害は、それほど大きくはありませんでした。もちろん損壊等によって、ある程度の損失は出ています。

たとえば、建物の修繕等にかかる費用は、投資法人により1700万円～6億円程度で、それに伴い、分配金が前期と比べ、9割程度になったところもありましたが、次期には回復しています。建物が全壊したわけではなく、一部の修繕工事で対応が可能であったことや、稼働停止があった物件も短期間で済んだためです。

ちなみに、「東証ＲＥＩＴ指数」も一時的に15％程度まで下げましたが、戻りは早かったです（その後は欧州の金融不安等といった別の要因で下げてはいますが……）。

地震のリスクをはかるものさしとして、各投資法人は各建物の**「地震ＰＭＬ」**という数値を公表しています。

この数値は「最大予想損失額÷再調達価格（×１００％）」で算出され、地震によって建物が被る損失額の程度がわかります。**０％～１００％の値で表現されており、数値が小さいほどリスクは低く、数値が大きいほどリスクは高いことを示しています。**

たとえば、ある建物を再建築する際の費用が50億円として、地震による修繕費用が５億円かかると予想される場合の地震ＰＭＬは、以下となります。

「５億円÷50億円（×１００％）＝10％」

なお、地震ＰＭＬが想定する地震の規模は、一般的なものではなく、「４７５年に一度」

の最大規模の地震です。「475年」という数字だけに着目すれば、頻繁に起こるほどの規模ではないので、つい安心しがちですが油断は禁物‼

いつ起きてもおかしくない〝潜在的なリスク〟と捉えておくべきです。

ちなみに各投資法人は、地震PMLをリスク管理において参考にしています。

たとえば、『日本ビルファンド投資法人』が保有する建物の地震PMLは、2014年末時点で5％までの物件が8割弱、10％までの物件が2割程度、ポートフォリオ全体の地震PMLは1・5％で、運用方針には、以下のような記載があります。

「新耐震基準（1981年に改正された建築基準法に基づく基準）又はそれと同等以上の性能を有していることを取得基準としており、比較的新しいビルが多くなっています。またポートフォリオの分散にも心がけています。結果としてポートフォリオPML値（予想最大損失率）も低くなっています。なお現時点においてNBF（※）が保有する物件については、前述の通り新耐震基準を満たしていること、ポートフォリオが分散されていること、コスト等を総合的に判断し、地震保険、地震家賃保険は付保していません」

※NBF→『日本ビルファンド投資法人』

今のところ地震保険を付保すべきほどの物件は保有しておらず、仮に地震で損害を被った場合も「自社で賄える範囲」と判断しているわけです。

ほかの投資法人でも、ほぼ同様の考え方に基づき、運営・管理を行なっていますので、ホームページ等をご覧になってみてください。

今の時代は暴動やテロ事件によるリスクも視野に入れておく

地震以外の災害リスクとして、火災も挙げられます。ただ、これまで投資法人の運営・管理を揺るがすような大規模な火災が起きたことはなく、ほとんどが小規模なものにとどまっています。火災に関しては、保険に入っているケースがほとんどです。

前出の『日本ビルファンド投資法人』でも、以下のような記載が見られます。

「本投資法人が保有する不動産に関しては、火災保険等の保険契約が締結されており、今後本投資法人が取得する不動産に関しても、原則として、適切な保険を付保する予定です」

ただし、諸事情により、保険契約が締結されないことや、支払われる保険金を上回る損害が発生する場合等もゼロではないため、「一定のリスクはある」としています。

このように自然災害のリスクは、保険等でカバーされる部分もありますが、すべてではありません。**地震や火事といった災害や事象以外にも、暴動やテロ事件等によって建物が使用できなくなってしまう事態も、今の時代は十分に起こり得ます。**

日本は世界に比べ、その頻度は低いでしょうが、それでも大切な資金を投入する際に「予測できないリスクが、常にある」と、認識しておくべきですね。

もし事故等が発生した場合は、各投資法人のホームページ等において、早い段階でまず一報が出され、その後に運用状況に影響を及ぼす損害等が判明した場合には、「改めてお知らせ」というパターンが多いようです。

頻度は高くないとはいえ、発生は何の〝前触れ〟もなく、突発的なケースが多いので、普段から定期的なチェックは欠かせません。

まさか!? そんなはずは……。上場廃止や倒産もゼロではありません

投資家には〝寝耳に水〟——「信用リスク」の恐ろしさ

最後は、投資法人や運用会社の「スポンサー（大株主）」にまつわるリスクです。可能性は低いとはいえ、投資法人やスポンサー（大株主）が上場廃止、もしくは倒産する可能性は……ゼロではありません。これが「信用リスク」の怖さです。

サブプライムローン問題に端を発した金融危機の時期を振り返ると、収益が上がっているにもかかわらず、**一時的な資金繰りのメドがつかなかったために、事実上の経営破たんに追い込まれてしまった投資法人もありました。**

『ニューシティ・レジデンス投資法人』は、その一例です。

同投資法人は、民事再生を申請し、上場廃止へ。投資口価格は、ピーク時に74万円程度だったのが、最低価格はじつに6000円ほどにまで下がりました。

その後の行方は、二転三転を繰り返し、最終的には、ほかの投資法人の『ビ・ライフ投資法人』が吸収合併することで決着がつきます。

これに伴い、投資口は「ニューシティ・レジデンス1口＝ビ・ライフ0・23口」に。『ニューシティ・レジデンス投資法人』の投資口は、1口10万円程度の扱いとなったので、結果的には、途中で投げ売りをしたよりも、最後まで保有していたほうが良かった方もいるのではないでしょうか。もちろん大多数の方は、大きな損失を被ったでしょうし、仮に持ち続けたとしても結論が出るまでに1年半程度の時間を要していますが……。

必ずしもすべてがこのような状況に陥るわけではありませんが、投資先の経営悪化により、投資証券が〝紙切れ同然〟になるリスクも、きちんと把握しておきましょう。

投資先の投資法人や「スポンサー」の経営状況に目を光らせる

上場廃止とまではいかなくとも、金融危機後のREIT再編時期には、生き残りをかけて投資法人の合併が多々ありました。たとえ経営破たんは免れたとしても、保有投資口が2分の1や3分の1等の価値になることは、リスクといえます。

信用リスクという観点からいえば、自分が投資する投資法人の経営状況に加え、運用会社のスポンサー（大株主）の業績動向にも目を光らせておくべきです。

各投資法人とスポンサー企業は、かなり密な関係にありますから、「外部から見た信用力は直結している」といっても過言ではありません。


市場の急変で資金繰りがストップするリスクを抱える『Jリート』で、不動産市況を左右する資金の供給状態も、常に注視すべきことですね。市場にマネーがあふれている間は、不動産価格も上昇していき、楽観ムードが前面に出てきます。

しかし、80年代後半のバブル後や、サブプライムローン問題後のミニバブル後がそうであったように、一旦金融の引き締めがあると、市況は急速に悪化してしまうのです。

そうなると「内部留保」の少ない『Jリート』は打撃を受け、立ち行かなくなってしまう恐れがあります。官民を挙げて〝金融危機の波〟は、どうにか乗り切ってきたとはいえ、今後も行き過ぎたことがあれば、救済されることなく、たちまち経営破たんへと追い込まれる可能性があると踏んでおくべきです。

第5章

的確な投資判断をするために データ分析・検証は欠かせない!!

Jリート市場全体の動向は「東証REIT指数」で丸わかり

1日ないし1週間、1カ月ごとに定期的なチェックを!!

『Jリート』に限らず、どんな投資においても、事前に必要な情報やデータを収集して、市場や自分が投資する銘柄の動向を分析・検証することは、的確な投資判断をするうえでは欠かせません。ここを疎かにすると、利益獲得の〝確率〟もグンと下がります。

とはいえ、無数にある情報やデータのなかから、必要なものか否かを取捨選択するのは容易ではないでしょう。「いったいどの情報やデータを見れば良いのか」……。

この段階で億劫になって、投資そのものをやめてしまう方もいるかもしれませんね。

そこで第5章では、『Jリート』への投資を検討する際に、最低限押さえておくべき情報と、データの見方・考え方を解説していきます。

まずは市場全体の動向を把握するところからスタートです。

株式市場には、「日経平均株価」「TOPIX（東証株価指数）」といった市場全体の動向を表す指数があります。『Jリート』にも同様のものがあり、それがこれまでにも出てきた「東証REIT指数」と呼ばれるもの。簡潔に述べると、「『Jリート』の全銘柄を対象とした時価総額加重型の指数」のことです。基準日である2003年3月31日時点の時価総額を1000として、その後の時価総額を指数化しています。

『日本取引所グループ（東京証券取引所）』のホームページ内にて、リアルタイムで確認することができますので、是非、ご覧ください。

☆『日本取引所グループ（東京証券取引所）』：http://www.jpx.co.jp/

同ホームページ内の「マーケット情報」→「株価指数関連」から、現在のものを見る場合は「株価指数リアルタイムグラフ」を、過去の推移を知りたい場合は「株価指数ヒストリカルグラフ」を選択します。

東証REIT指数以外にも、2010年から用途別で3種類の指数（住宅指数／オフィス指数／商業・物流等指数）も始まっています（171ページ上記図参照）。

市場全体の動向と用途別を比較すると相違がわかりますので、要チェックです!!

なお、東証ＲＥＩＴ指数は、全銘柄の時価総額加重型ということで、時価総額の大きな銘柄の影響を受けやすいことも覚えておきましょう。

あくまで東証ＲＥＩＴ指数は、１日のＪリート市場の動向をつかむためのデータですので、チェックするのは１日１回で十分です。

日経平均株価やＴＯＰＩＸ（東証株価指数）を見るついでに、「今日の東証ＲＥＩＴ指数はどうだったかな？」程度でＯＫ!! 大きな流れを知りたい場合は、１週間に１回程度の確認のほうがわかりやすいかもしれませんね。

毎週月曜に『J-REIT NOW WEEKLY』というメルマガを定期的に購読するのも良いでしょう。『不動産投信情報ポータル（http://www.japan-reit.com/）』に会員登録（無料）をすると送られてきます。１週間分の東証ＲＥＩＴ指数の終値と簡単な解説、銘柄別のトピックスが紹介されていますので、市場動向をさっと把握する際に便利です。

また、同サイト内の「What's New」の部分では、毎月「市況月次レポート」がアップされます。１カ月の市況全体の概要や個別銘柄のデータがまとめられていますので、チェックしておきましょう。

»「東証REIT指数」と３種類の用途別指数グラフの推移

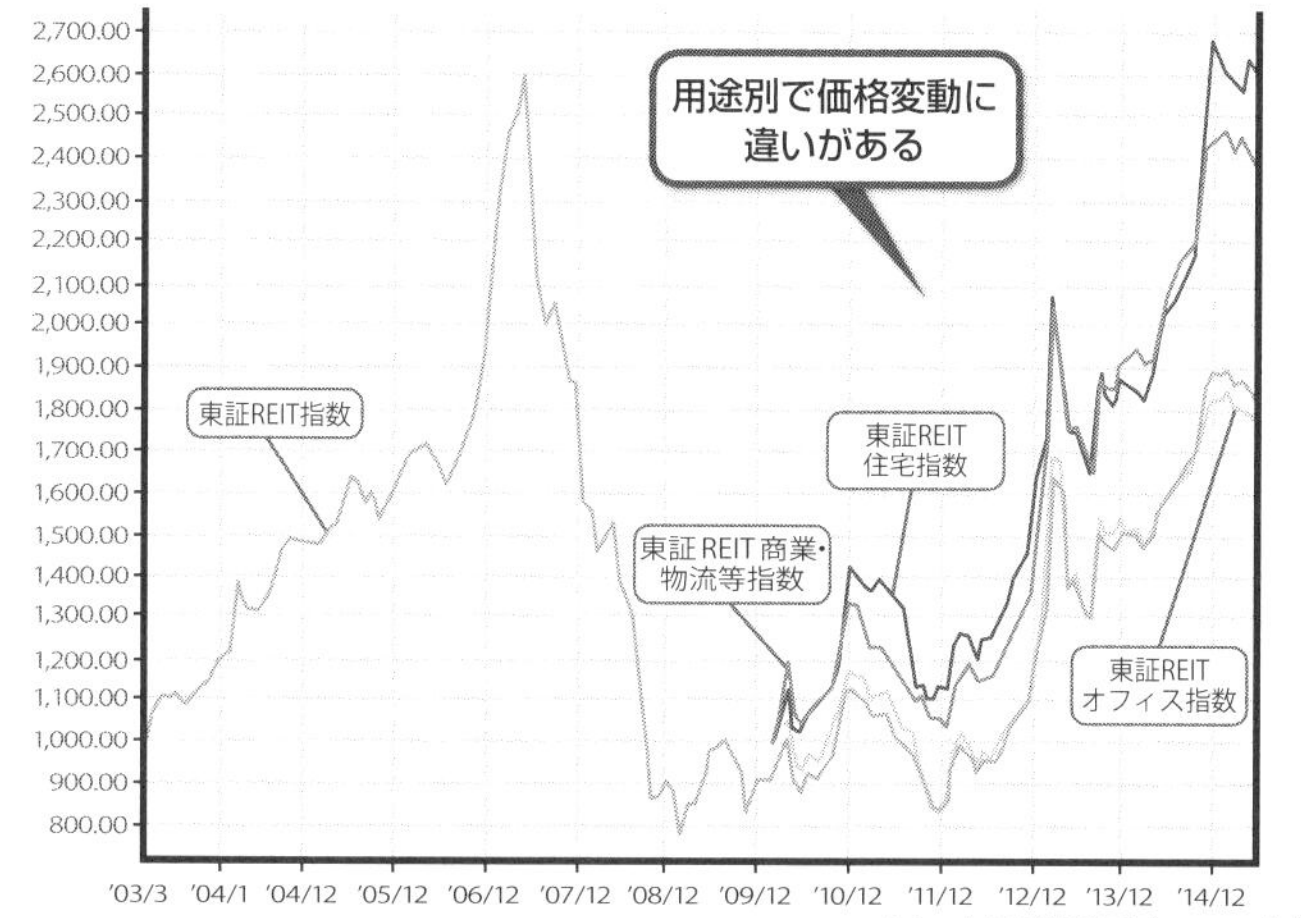

出典：東京証券取引所データより作成

個別銘柄の選択前に、「Jリート全体の現況はどうなっているのか」「今後はどうなりそうなのか」といった概要を踏まえたうえで、最終的に銘柄を選ぶことが肝要です。

ちなみに、2009年からのバックナンバーもありますので、興味のある方は『Jリート』の理解を深めるためにも、目を通しておくと良いでしょう。

株式などと比較して相対的な評価も押さえておく

指数を見る際には、Jリート単体での分析・検証に加え、ほかとの比較で〝相対的な評価〟も押さえておきます。

たとえば、日本の株式市場を代表するＴＯＰＩＸ（東証株価指数）――。比較するには、前出の『日本取引所グループ（東京証券取引所）』のグラフ作成を活用すると便利です。基本的な視点としては、以下の要因を探っていきます。

「ＴＯＰＩＸ（東証株価指数）の変動率と、どのような差があるのか」

←

「なぜ『Ｊリート』だけが上がるのか（下がるのか）」

最近、比較的よく挙げられる要因には、以下のようなものがあり、ＴＯＰＩＸ（東証株価指数）と違う動きを見せることが多いと感じます。

◎日銀の金融緩和を好感
◎分配金の安定性に魅力
◎長期金利上昇を警戒した動き
◎「増資」が多く、需給悪化の懸念

»「東証REIT指数」と「TOPIX」の推移を比較してみると……

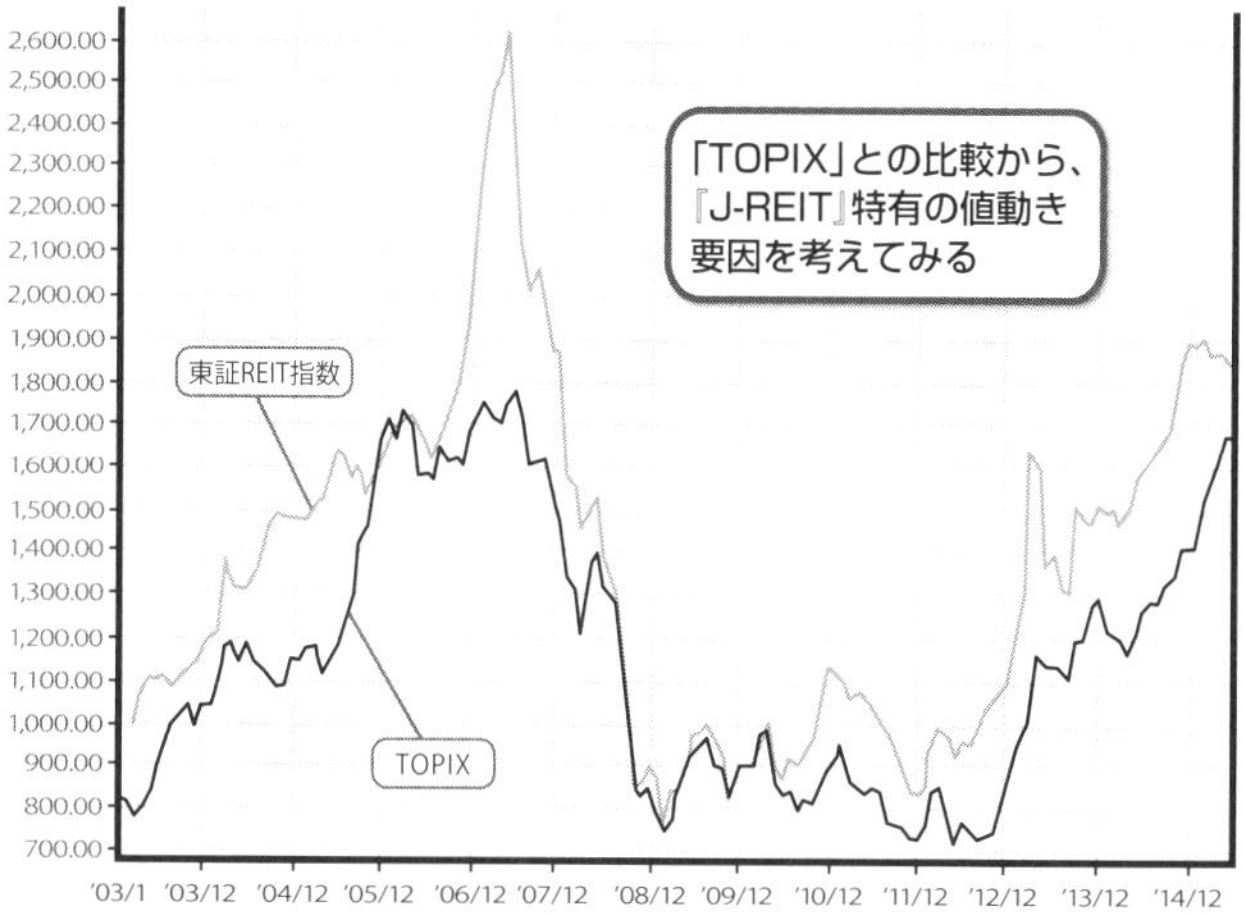

出典：東京証券取引所データより作成

常に市場は複雑な要因が絡み合って動いています。ゆえにいつもこれらが要因になるとは限りません。

また、あくまで要因の理由も「後づけでしかない」と認識して、市場の動向を捉えるようにしてください。

このほかにも、**不動産関連企業の株式との比較も面白いですね。同じ不動産市場でも、同様の値動きをする場合と、そうでない場合がありますので、「なぜ市場の評価がそうなっているのか」を少し掘り下げてみます。**

日本経済全体の動きと不動産、ならびに『Jリート』の〝特異的〟な部分を把握することで、Jリート市場の特徴が見え、推察力も増していくはずです。

分配金利回りの推移を検証して投資判断に役立たせる

株式の配当利回りと分配金利回りの関係はどうなのか？

「東証ＲＥＩＴ指数」と併せてチェックしておきたいのが、分配金利回りの推移です。毎日の推移は『不動産証券化協会』のサイト内にある「j-reit.jp」にて確認できます。

☆『不動産証券化協会』：https://www.ares.or.jp/ → http://j-reit.jp/

こちらも株式市場との比較で見てみましょう。

２０１５年７月時点、『Ｊリート』の分配金利回りは平均３・３％程度、東証一部上場株式の配当利回りは平均１・４％程度です。

よくいわれるのは、「株式市場と比べ、『Ｊリート』の分配金利回りが高いため、少しでも収益性の高い運用先を求める資金がＪリート市場に流入する」ということです。

»分配金利回りと東証一部上場株式配当利回りの推移

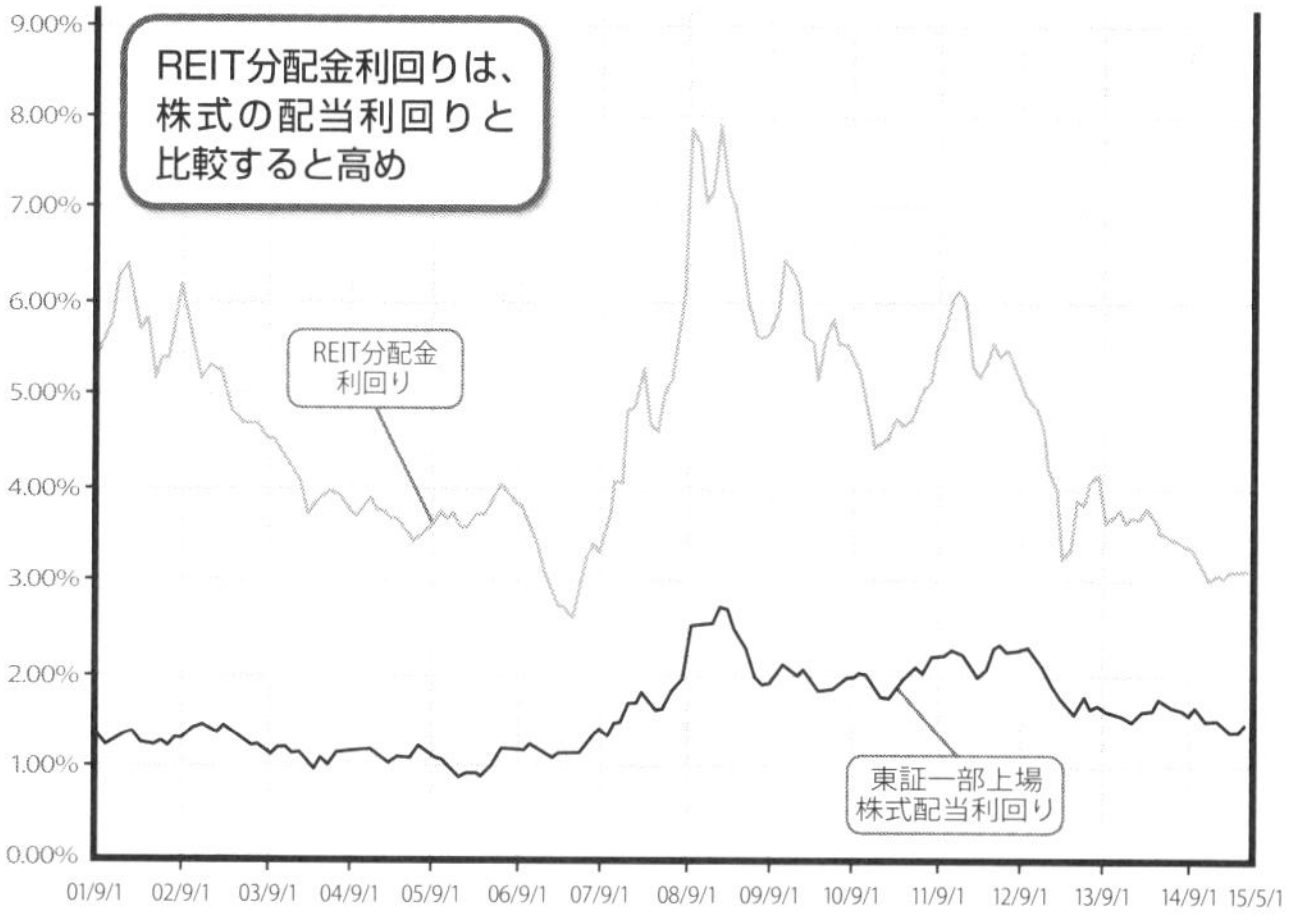

出典：不動産証券化協会データより作成

これまでの推移をたどってみましょう。

最近は、『Jリート』の価格が上がってきているため、利回りが下がり気味で、且つ双方の差も狭まってきています。

今後の動向を注視してください。利回りの差により、市場の資金の動きも変わるかもしれないからです。

個別銘柄の『REIT』は、「内部成長」や「外部成長」により、分配金額が増えれば、分配金利回りも上昇する可能性があります。

ただし、REIT市場が好調なときには、投資口価格も上昇し、結果的に利回りは変わらない場合も……。〝悪い想定〟では、投資口価格が下がることによる利回り上昇の可能性もあります。

なお、株式の配当利回りの動向も注視しておいてください。最近、企業の経営スタンスの1つとして、株式の配当を増やす動きがあるからです。

それと同じくらいに株価が上昇すれば、配当利回りに変動はないわけですが……このような動きがあることは留意しておくべきでしょう。

長期金利の10年国債利回りとの関係はどうなのか？

利回りの比較という観点からいえば、長期金利の〝代表〟とされる10年国債利回りも、その対象として用いられることが多い指標です。

『Jリート』はその運営上、常に金融機関からある程度の割合で借入をしている状態ですので、その分、金利負担の大小により利益にも違いが生じます。

物件の価格が上昇して、物件自体の収益性は低くなっても、借入金利が低下した場合は、分配金が増えることもあれば、その逆もしかりです。

したがって、『Jリート』の分配金利回りと、10年国債利回りとの差も投資判断をする際の材料の1つとなります。

»分配金利回りと10年国債利回りの推移

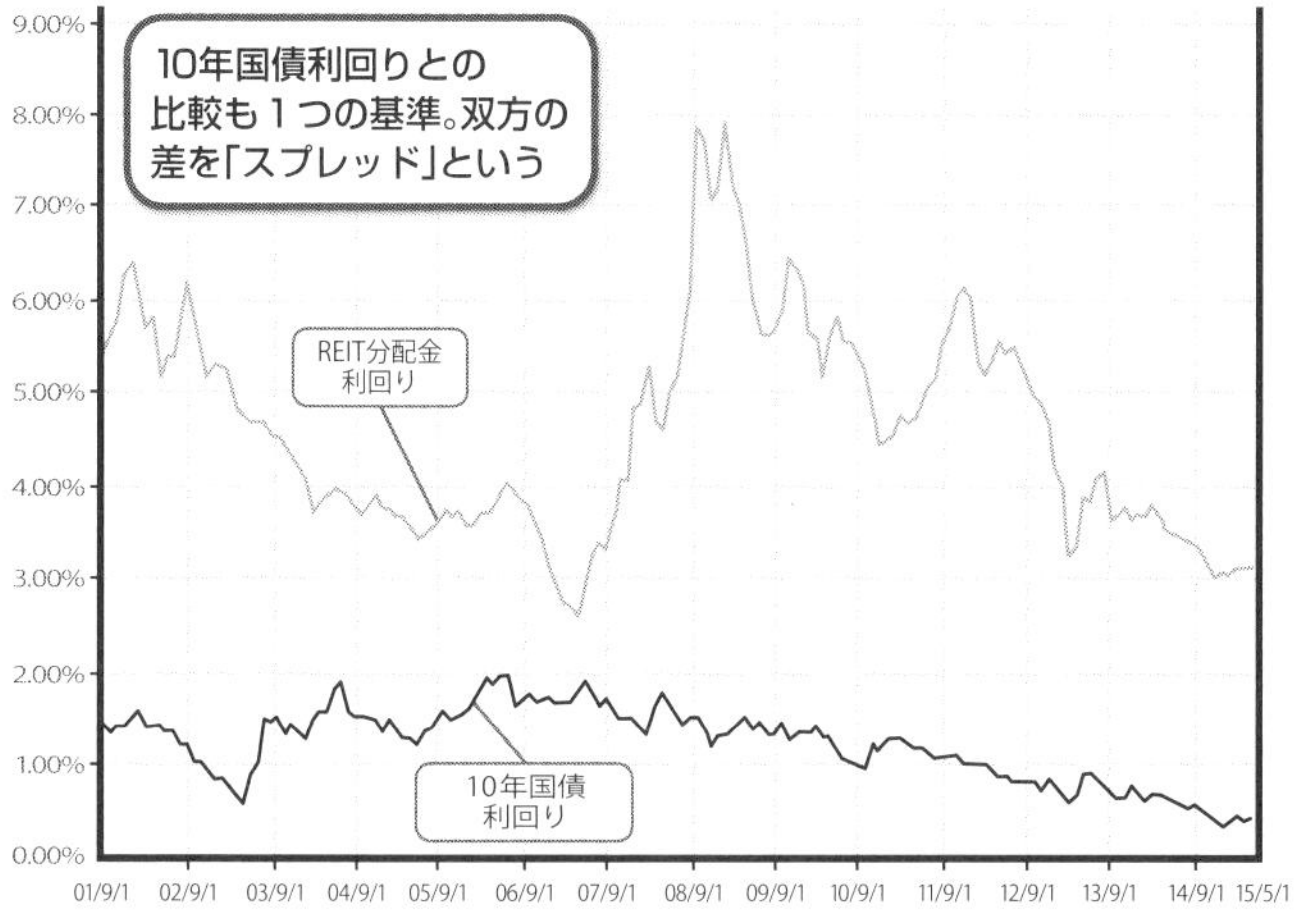

出典：不動産証券化協会データより作成

この差が「スプレッド」と呼ばれるもので、投資家が参考にする数値です。２０１５年７月時点は２・９％程度で推移しています。

スプレッドの１つの目安は３％といわれており、このラインを下回ると高値警戒感が出やすく、上回ると資金が流入しやすいです。

このあたりに関しては、１７９ページの推移&イメージ図をご覧ください。

たとえば、10年国債利回りが上昇した場合において、分配金利回りが変わらなければ、スプレッドが縮小することになるので「売られやすく」なるということです。

また、10年国債利回りが変わらない状況で、分配金利回りが上昇すれば、スプレッドが拡大するため「買われやすく」なります。

このように、**スプレッドは、分配金利回りと国債利回りの変動によって決まるので、この2つの指標と、その関係性に着目しましょう。**

なお、これまでの推移を振り返ってみると……スプレッドは投資口価格が最高値をつけた２００７年５月には０・８％台を、リーマンショック後の〝暴落時期〟の２００９年２月には６・６％台をつけています。

世界情勢や経済状況等によって目安が変わることは否めません。ただ、より的確な投資判断をするうえで役に立つことは間違いありませんので、参考にしてください。

スプレッドを投資口価格の下値や上値の目安に使うことも可能です。

売買のタイミングを考える際、『Ｊリート』の現況評価をスプレッドという視点から、分析・検証してみるのも良いでしょう。

»投資家が参考にする「スプレッド」の目安は３％!!

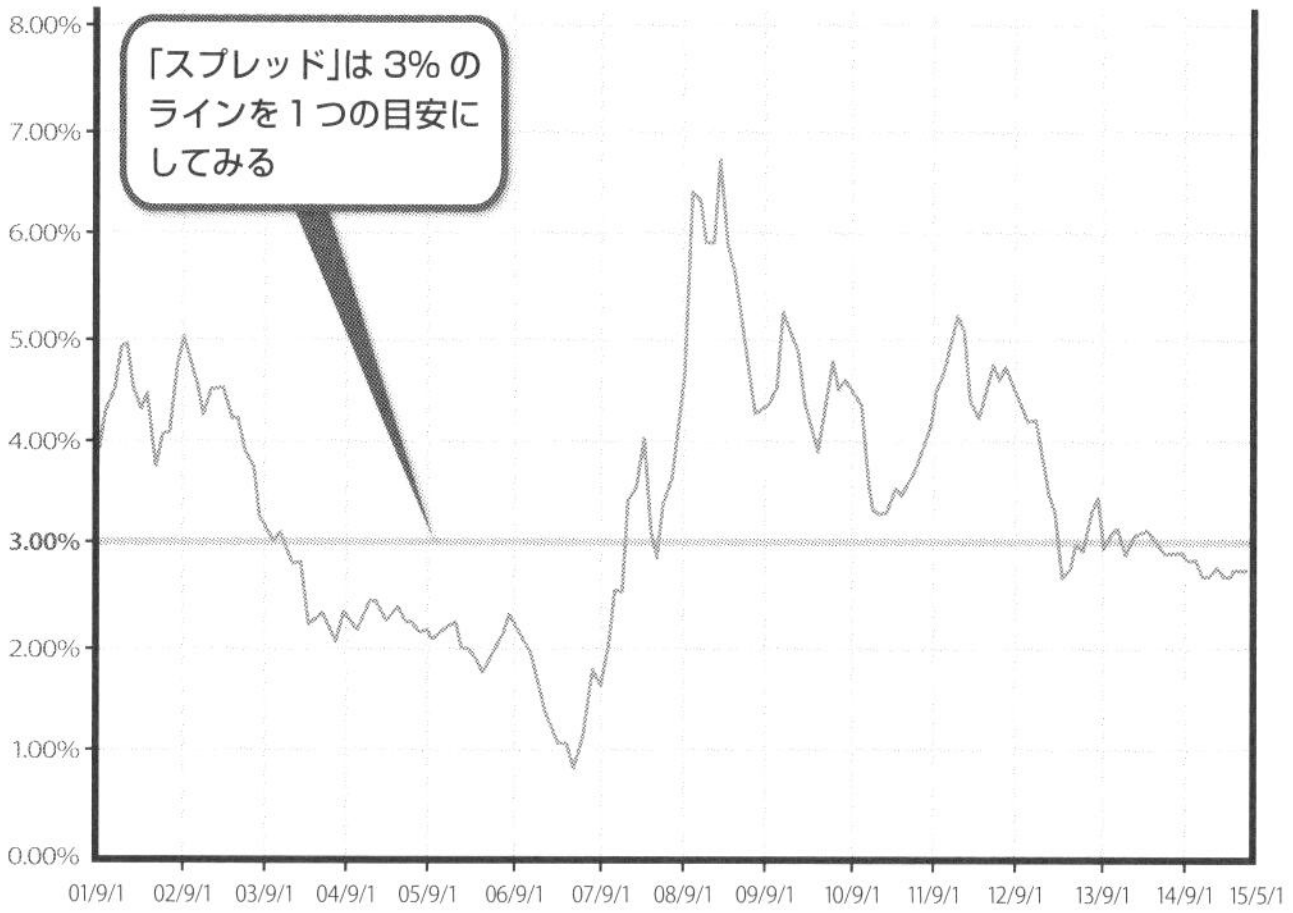

出典：不動産証券化協会データより作成

»分配金利回りと国債利回りにおける「スプレッド」の考え方

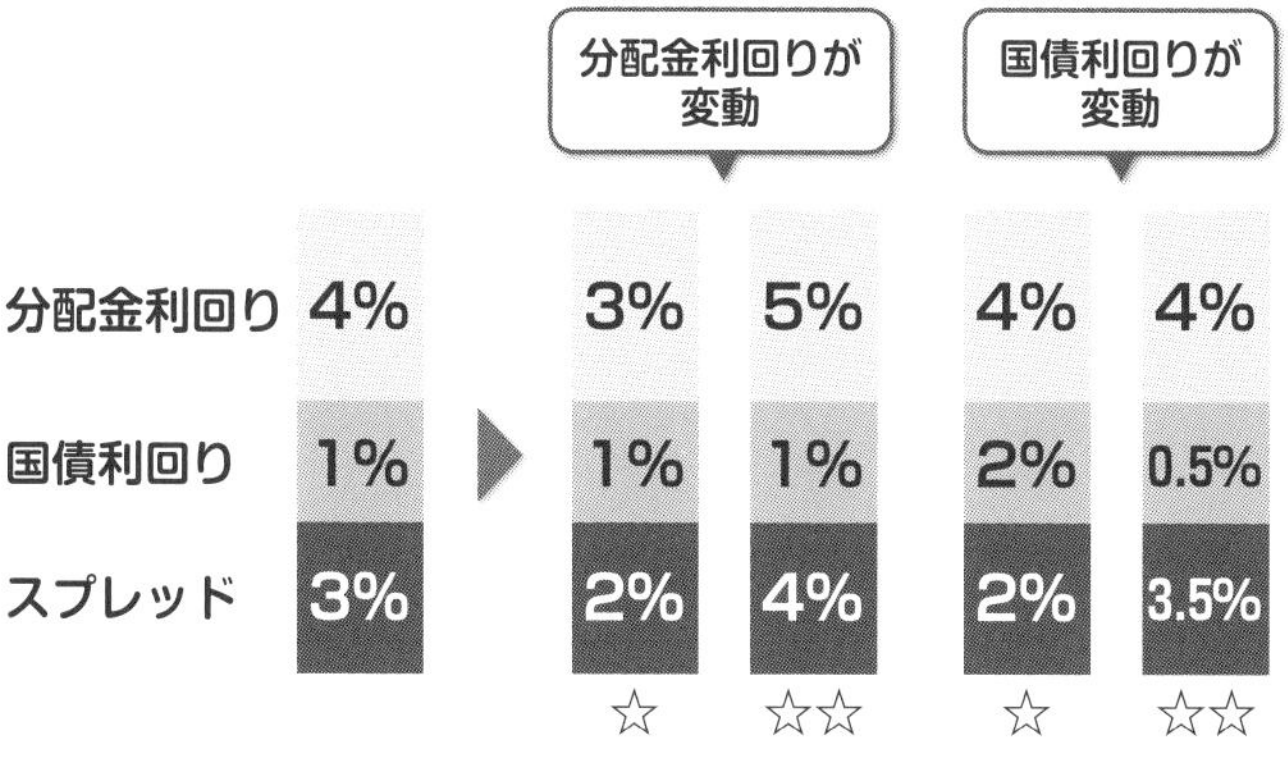

☆　：「スプレッド」が 3% を切るため、高値警戒感が出やすくなる
☆☆：「スプレッド」が 3% を上回るため、資金が流入しやすくなる

1年に数回公表されるタイミングで地価の動向をチェックしておこう

「公示地価」と「基準地価」の2つから地価の動向を探る

土地の価格として、国が毎年公表しているものに「地価」があります。日常生活のなかでは、あまり馴染みがないかもしれませんが、公表後にはメディア媒体等がこぞって話題に取り上げるので、見聞きしたことくらいはあるはずです。

地価には、いくつか種類があります。

ここではメインとなる以下の2つの地価をチェックしておきましょう。

①「公示地価」 → 国土交通省が公表

②「基準地価」 → 各都道府県が公表

①の「公示地価」とは、「地価公示法」に基づき、国土交通省が毎年1回公示する標準地の価格のことです。毎年1月1日時点での地価が、3月下旬頃に公表され、これが売買する際の価格を〝客観的〟に判断する1つの目安とされます。

最近では、2014年3月に公表された公示地価において、三大都市圏（東京圏／大阪圏／名古屋圏）の住宅地・商業地が6年ぶりにプラスに転じました。

2015年もプラスを維持し、同年3月には全国平均の商業地が7年ぶりに下げ止まりになったというニュースは、記憶に新しいところです。地価の底打ちが首都圏だけにとどまらず、場所によっては地方都市でも下げ止まりから回復してきています。

一方、②の「基準地価」とは、各都道府県が調査に基づいて、公表する土地の価格のことです。こちらは毎年7月1日時点の地価が9月下旬に公表されます。

公示地価が公表されるちょうど半年後ですね。

なお、国土交通省のホームページ内にある『土地総合情報ライブラリー』というサイトで、これまでの推移も含めて確認することができます。

☆『土地総合情報ライブラリー』：http://tochi.mlit.go.jp/secondpage/11238

これらが公表される際には、『ＲＥＩＴ』に言及したコメントも少なくありません。以下に掲示しました日本経済新聞の記事は、その一例です。

「都心の商業地では景況感の改善で先高感が強まり、不動産投資信託（ＲＥＩＴ）を中心とする投資マネーが流入。ＲＥＩＴによる資産取得額が過去最高を更新するなど、活発な物件取得が地価を押し上げた」（２０１４年3月の公示地価公表を受けて）

地価の動向に『ＲＥＩＴ』がどのような影響を及ぼしているのか、結果的に数値がどうなっているのかの連動性は、随時確認しておきましょう。

公表されるデータには「タイムラグがある」と心得ておく

もう少しこまめに地価の動向を知りたい方は、国土交通省が3カ月に1回公表する「主要都市の高度利用地地価動向報告」（※地価ＬＯＯＫレポート）をご覧ください。

前出の２つの調査地点が全国を対象にしているのに対し、こちらは主要都市の地価の

»「地価LOOKレポート」はどこをチェックすれば……？

3%刻みで集計されていて、
全体の傾向がつかみやすい

総合評価　上昇・横ばい・下落の地区数一覧(全地区)

四半期	上昇			横ばい	下落					横計
	6%以上	3%以上 6%未満	0%超 3%未満	0%	0%超 3%未満	3%以上 6%未満	6%以上 9%未満	9%以上 12%未満	12%以上	
19年第4	5（5.0%）	47（47.0%）	35（35.0%）	11（11.0%）	2（2.0%）	0（0.0%）	0（0.0%）	0（0.0%）	0（0.0%）	100（100.0%）
20年第1	0（0.0%）	5（5.0%）	36（36.0%）	50（50.0%）	7（7.0%）	1（1.0%）	1（1.0%）	0（0.0%）	0（0.0%）	100（100.0%）
20年第2	0（0.0%）	0（0.0%）	13（13.0%）	49（49.0%）	28（28.0%）	8（8.0%）	2（2.0%）	0（0.0%）	0（0.0%）	100（100.0%）
20年第3	0（0.0%）	0（0.0%）	0（0.0%）	22（14.7%）	79（52.7%）	43（28.7%）	6（4.0%）	0（0.0%）	0（0.0%）	150（100.0%）
20年第4	0（0.0%）	0（0.0%）	0（0.0%）	2（1.3%）	33（22.0%）	74（49.3%）	25（16.7%）	12（8.0%）	4（2.7%）	150（100.0%）
21年第1	0（0.0%）	0（0.0%）	0（0.0%）	2（1.3%）	37（24.7%）	67（44.7%）	36（24.0%）	4（2.7%）	4（2.7%）	150（100.0%）
21年第2	0（0.0%）	0（0.0%）	0（0.0%）	3（2.0%）	67（44.7%）	55（36.7%）	22（14.7%）	3（2.0%）	0（0.0%）	150（100.0%）
21年第3	0（0.0%）	0（0.0%）	0（0.0%）	3（2.0%）	81（54.0%）	53（35.3%）	9（6.0%）	3（2.0%）	1（0.7%）	150（100.0%）
21年第4	0（0.0%）	0（0.0%）	1（0.7%）	5（3.3%）	88（58.7%）	46（30.7%）	9（6.0%）	1（0.7%）	0（0.0%）	150（100.0%）
22年第1	0（0.0%）	1（0.7%）	1（0.7%）	25（16.7%）	86（57.3%）	36（24.0%）	1（0.7%）	0（0.0%）	0（0.0%）	150（100.0%）
22年第2	0（0.0%）	1（0.7%）	3（2.0%）	41（27.3%）	92（61.3%）	13（8.7%）	0（0.0%）	0（0.0%）	0（0.0%）	150（100.0%）
22年第3	0（0.0%）	1（0.7%）	1（0.7%）	61（40.7%）	82（54.7%）	5（3.3%）	0（0.0%）	0（0.0%）	0（0.0%）	150（100.0%）
22年第4	1（0.7%）	0（0.0%）	15（10.0%）	54（36.0%）	75（50.0%）	4（2.7%）	1（0.7%）	0（0.0%）	0（0.0%）	150（100.0%）
23年第1	0（0.0%）	0（0.0%）	2（1.4%）	46（31.5%）	92（63.0%）	5（3.4%）	1（0.7%）	0（0.0%）	0（0.0%）	146（100.0%）
23年第2	0（0.0%）	0（0.0%）	7（4.8%）	53（36.3%）	85（58.2%）	1（0.7%）	0（0.0%）	0（0.0%）	0（0.0%）	146（100.0%）
23年第3	0（0.0%）	0（0.0%）	11（7.3%）	61（40.7%）	78（52.0%）	0（0.0%）	0（0.0%）	0（0.0%）	0（0.0%）	150（100.0%）

出典：国交省／土地総合情報ライブラリーデータより作成

動向を先行的に表しやすい地点に絞ったものになっています。地価の変動率も3％刻みで細かく9区分に分けられ、一覧表としてまとまっていますので、傾向が一目瞭然です。

ここまでに解説しましたデータにおける注意点を1つ挙げておきます。

実際の現場とタイムラグがあることです。

たとえば、公示地価は「1月1日時点の地価を3月下旬頃に公表」となっていますが、2カ月半ほどのタイムラグがあることに気づくはず。**諸々の調査時間等も含めると、現場での実感とは、数カ月の〝ズレ〟がありますので、それらをきちんと心得たうえで投資判断をするようにしてください。**

投資判断に役立つ指標と各投資法人のホームページの見方

『Jリート』への投資に〝ひと役〟買う指標とは？

株式投資をする際にはさまざまな指標を参考にするはずです。じつは『Jリート』にも特有の指標があります。以下に押さえておいて欲しい指標を取り上げました。

①NAV倍率

株式投資でよく活用される指標の1つに「株価純資産倍率（※以降：ＰＢＲ）」というものがあります。これは1株あたりの純資産に対して、株価が何倍まで買われているかを表した指標です。

1株あたりの純資産と株価が等しい場合、ＰＢＲは1倍となります。仮に1倍を下回ると、株価が企業の純資産を下回っていることになるため、割安と判断されます。

»『J-REIT』特有の指標①：NAV倍率とは？

NAV倍率の求め方

NAV ➡ 投資法人の純資産価値

NAV ＝ 保有不動産等の資産時価総額 － 負債額

NAV倍率 ＝ 投資口価格 ÷ 1口あたりのNAV

＝（NAV÷発行済み投資口数）

『Jリート』において、株式のPBRと近い考え方を持つのが「NAV倍率」です。**投資法人が保有する不動産の価値から見て、割安かどうかを判断するための基準になります。**

NAVとは「Net Asset Value」の略で、**「投資法人の純資産価値」のことです。**

NAV倍率は、上記の計算式で求めます。

たとえば、この倍率が1倍を割り込んでいれば（＝投資口価格よりも1口あたりのNAVのほうが高ければ）、「現在の投資口価格は保有資産価値以下」と見なされていることから、割安と判断されます。逆に1倍を大きく上回っていると、買われ過ぎと判断されます。

NAV倍率が1倍を割り込むことは、たしかに割安ではありますが、〝常態化〟してしまうと「増資」がしにくくなり、その後の成長ストーリーも描きにくくなることも併せて覚えておきましょう。

②ＦＦＯ倍率

ＰＢＲと同様に、株式投資で用いられる指標に「株価収益率（※以降：ＰＥＲ）」があります。こちらは1株あたりの利益に対して、株価が何倍まで買われているのかを表しています。株式のＰＥＲに相当するのが、「ＦＦＯ倍率」で、**「投資法人の収益力の大きさを判断する指標」です。**

ＦＦＯとは「Funds From Operation」の略で、どれくらいのキャッシュを稼ぎ出しているかを表しています。ＦＦＯ倍率の計算式は、次ページの上記をご覧ください。

なお、減価償却費が加えられているのは、現金支出を伴わない「会計上の費用」であるからで、売却損益が除かれているのは、賃貸から得られる「継続的な利益」のみでの判断をするためです。

ＦＦＯ倍率は、数値が小さいほど、割安と見なされます。収益性はあるものの、それに比べて、投資口価格の市場評価が低いからです。

③ＮＯＩ利回り

保有不動産の収益性を表す指標の１つです。

»『J-REIT』特有の指標②：FFO倍率とは？

FFO倍率の求め方

FFO ➡ 投資法人の収益力の大きさを判断する指標

FFO ＝ 当期純利益 ＋ 減価償却費＋（売却損 － 売却益）

FFO倍率 ＝ 投資口価格 ÷ 1口あたりのFFO
‖
（FFO÷ 発行済み投資口数）

ＮＯＩとは「Net Operating Income」の略で、**「不動産の賃料等の収入から運営・管理にかかる〝諸経費〟を差し引いた純営業収益」のことです。**

この収益が物件価格に対して、どの程度かを見るのがＮＯＩ利回りで、以下の計算式で求めます。

ＮＯＩ利回り ＝ ＮＯＩ ÷ 物件価格

数値が高いほど、収益性があるということで、運用報告書等には、物件ごとや全体のＮＯＩ利回りが記載されています。

この指標は、物件を購入する際に「既存物件と比較してどうなのか」という視点でも使われることが多いですね。

④ＬＴＶ

財務体質の〝健全性〟をチェックするための指標です。

ＬＴＶとは「Loan To Value（Ratio）」の略で、**投資法人が行なう借入の状況を表しています。**以下は、その計算式です。

ＬＴＶ＝有利子負債÷総資産

資産に対して、どの程度の負債があるかということで、**数値が低いほど、負債比率が低くなるため、財務体質の健全性は高いことになります。逆に数値が高いほど、小さい資金で収益性を高めるテコの原理、いわゆる「レバレッジ効果」が大きいことになるので、資金効率が良いといえます。**

ただし、高いレバレッジを効かせている場合、金融環境の変化によって財務内容が悪化する可能性は否めません。金利や賃料の変化による分配金の変動が大きくなるため、ハイリスク・ハイリターンの側面を持っている点は留意しておくべきです。

『Ｊリート』の場合は、ＬＴＶをだいたい40％～60％で維持しているところが多くなっています。これら健全性と資金効率を、どう上手くコントロールしていくかは、各投資法人が考える戦略にかかっているといえるでしょう。

『Jリート』は利益を「内部留保」しにくい（貯めにくい）構造であるため、不動産を購入する際には、借入と「増資」を活用せざるを得ません。

その時々の投資環境により、2つを上手く組み合わせて運営していくため、『Jリート』の成長にとってLTV上昇があるのは〝必然〟といえます。

また、「借入金増加→LTV上昇→増資→LTV低下」という循環もあるため、LTVが高くなっていれば、近い将来に増資を行なう可能性が高いと予想できます。

LTVを見る際は、現時点だけに着目するのではなく、前後の推移も含めて確認しておくことが肝要ですね。

ホームページや資産運用報告書は情報の宝庫です

『Jリート』は、東京証券取引所に上場しているため、各投資法人は投資家への情報開示義務が課されています。透明性が高いことが特徴の1つに挙げられるのは、こうしたルールがあるからです。**情報開示は各投資法人のホームページで成されており、不動産の運用に関する情報や銘柄の情報など、その内容はとても充実しています。**

ホームページの見方のコツは、まずトップページ等で投資法人の概要や最近のニュースをざっくり確認します。その後、詳細へと移るわけですが……。

ＩＲ情報の項目は閲覧する価値アリ!! その投資法人の決算や運用報告にまつわる書類が過去のものも含めて、かなりの量が情報開示されているからです。

ある程度自分が投資する銘柄を絞ったら、ホームページで運用状況等を確認しておきましょう。チェックするのは、決算説明資料と資産運用報告書だけで十分です。

前者は全ページを通じて写真やグラフ、図表等を用いてわかりやすく説明されていますので、まずはこちらをご覧になり、その〝補完〟として後者を活用します。

何度か見ていくうちに、自分流の使い方が確立されるはずです。

構成は銘柄によりさまざまですが、おおむね最初に期のハイライトトピックス、その後に現在の運用状況や、今後の戦略等が詳しく解説されている構成になっているかと思います。見るポイントは、以下を参考にしてください。

ほかの投資法人（特に同じ用途）とも比較すると、相対的な評価ができ、より理解が深まります。

◎今期の総括……業績全体／内部成長／外部成長／財務関係(借入金)
◎業績／分配金／投資口価格の各推移
◎増資／投資口数の状況
◎各物件の収益力／稼働状況／収入全体に占める割合
◎今後の戦略……分配金戦略／内部成長／外部成長／財務関係(借入金)

ちなみに、これらは1期だけではなく、「過去の経緯→現在→今後」の流れを意識して見ておくと良いでしょう。その場合は、以下の視点を持ってください。

◎何を目標に掲げているのか？
◎その目標には具体的な戦略があるのか？
◎実際に達成できているのか？
◎達成できていない場合の理由は？ 修復は可能か？
◎それに代わる施策はあるのか？

投資家別の売買状況は今後の市場を予測する重要なデータ

「外国人」「金融機関」「投資信託」「個人投資家」は要チェック

「日本株に投資する〝好機〟で、外国人の買いが増えている」
「機関投資家が、少しでも高い収益性を求める動きを見せている」
株式市場において、このような投資家の売買状況と市況との関連性に触れている解説を耳にしますが、Ｊリート市場も同様です。

投資家別の売買状況を知ることは、現状のマーケットが「誰に」「どのように」評価されており、「今後の行方にどう影響するのか」を予測するうえで参考になります。

売買状況のデータは、既出の『不動産証券化協会』のサイト内にある「j-reit.jp」から、以下の流れで確認してみてください。

☆「マーケット概況」→「Ｊ－ＲＥＩＴ売買状況の推移」→「投資部門別売買状況」

»主要な４つのカテゴリーの売買状況をチェックする!!

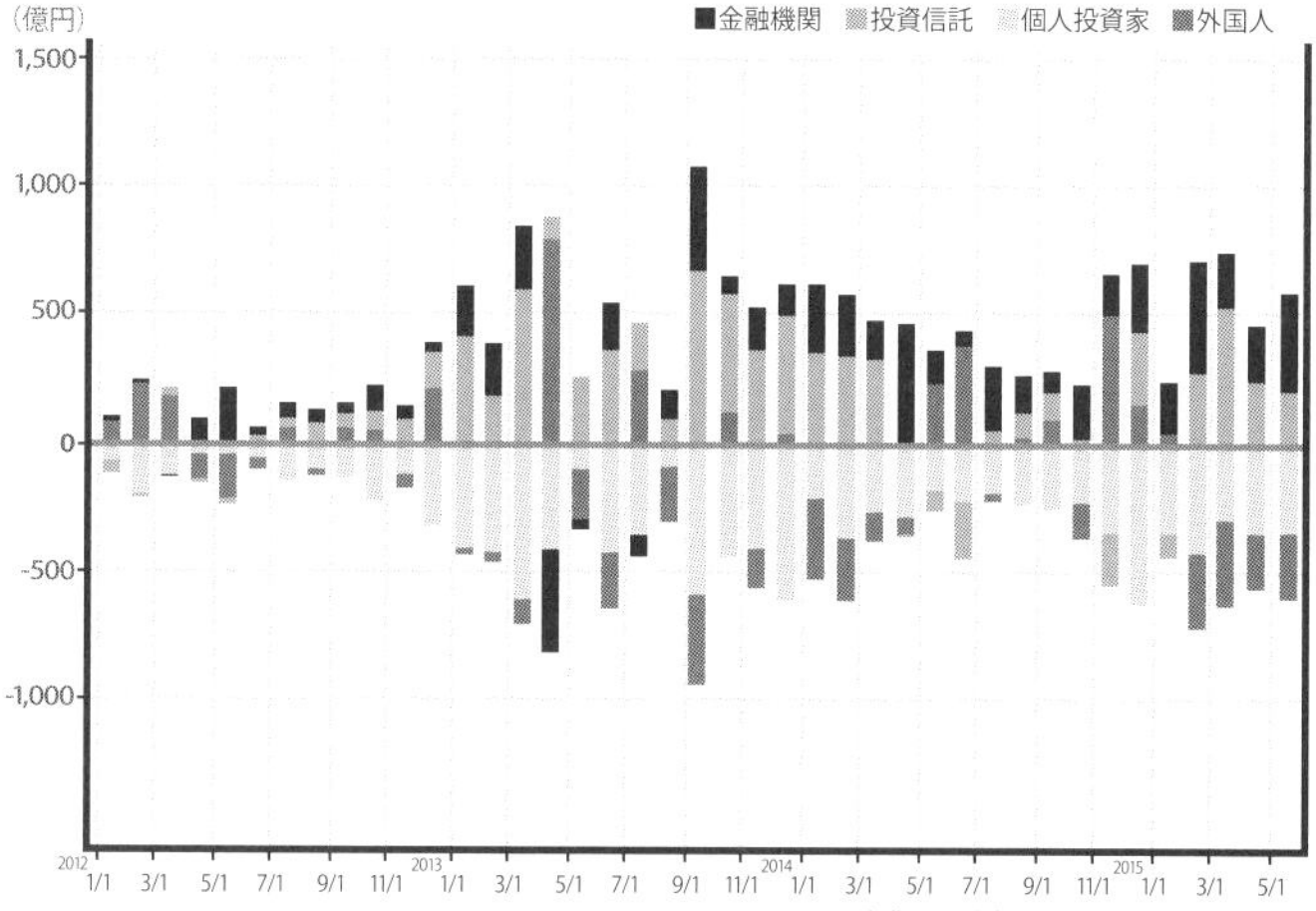

出典：不動産証券化協会データより作成

カテゴリーとしては、外国人／金融機関／投資信託／個人投資家の４つに注目します。細かく見れば、ほかにもありますが、まずはこの４部門の売買状況を把握するだけで十分です。各投資家の売買状況の推移をチェックし、市場全体の流れをつかみます。

カテゴリー①【外国人】

外国人投資家の売買が多くなると、海外市場の影響も大きく受けることになるので、価格も乱高下しやすくなります。

基本的に外国人投資家は、その時々の相場に応じて投資対象や期間を変化させていき、そこへ海外市場の動向も変動要因として加わるので、動きが大きくなりがちです。

サブプライムローン問題前には、実物不動産に海外マネーが流入し、不動産市場をけん引した側面がありました。じつは……Jリート市場でも似たような〝現象〟が見られたのですが、金融危機後には一転、売り越しに転じています。

なお外国人投資家は、日銀の金融緩和政策にも反応しやすい傾向があります。

たとえば、日銀の黒田総裁が物価2％を目標に掲げ、その手段として金融緩和に言及した2013年4月、「バズーカ第2弾」が発表された翌年の10月末は、大幅な買い越しがあり、連動性が見られました。

カテゴリー②【金融機関】

銀行や生保、損保の売買状況を表しており、なかでも地方銀行が積極的に資金を入れています。**空前の低金利が長引き、なかなか収益を上げづらい銀行が、運用先の1つとして、安定性と比較的高い収益が期待できる『Jリート』を購入しているのです。**

サブプライムローンの影響を受け、売り越しとなっていた時期もありましたが、ここ最近は〝買い越し基調〟が続いており、金融緩和や超低金利影響のなか、市場も落ち着き、分配金もある程度は見込める『Jリート』が、再び見直されています。

カテゴリー③【投資信託】

投資信託経由で、『REIT』を購入する資金の出入りを表しており、間接的には、個人投資家の売買状況とも考えられます。**現在は、『REIT』を組み入れた投資信託も増えてきており、それに伴い、市場でも〝存在感〟が増しています。**

不動産市況が良いときや、『REIT』に注目が集まるようになると、『REIT』を組み入れた投資信託の設定も増え、資金流入がより一層進む循環です。

一方、市況にかげりが見えて雲行きが怪しくなると、投資信託の資金流出が一気に増える可能性があるといえます。流入があった分、反動も大きくなりがちで、資金流出が続く投資信託は運用が維持できなくなることもあり、その影響は大きいです。

カテゴリー④【個人投資家】

数値だけを追うと……〝売り越し〟が多くなっています。

個別銘柄に直接投資する方は、比較的短期売買をしているとも考えられますが、投資信託を経由して、間接的に『REIT』に投資する個人投資家も増えています。

また、新規上場や「増資」時の購入に関しては、売買統計データには反映されないことへの影響も考えられます。これらを考慮すると、個人投資家が単純に売り越し一辺倒になっているとはいい切れない部分もあるでしょう。

今後、『NISA』がどんどん浸透・拡充していくなかで、各投資法人は中長期の視点で考える個人投資家を上手く取り込んでいけるのか、個人投資家はどのような動きを見せるのかは、気になるところですね。

市場への影響力を持つ日銀の動向も目が離せない

金融緩和を主導する立場として何かと注目を集めている日銀の動向も、今では目が離せなくなりました。売買状況は、以下の流れで確認できます。月別のほか、毎日更新がされており、銘柄はわからないのですが、「いつ」「どの程度」の『Jリート』を購入したのかは知ることができます。
☆『日本銀行』：http://www.boj.or.jp/
↓「統計」↓「日本銀行関連統計」↓「金融市場調節関連」↓「オペレーション」

これまで日銀の購入には、下落局面において心理的なものも含め、それなりに下支え効果が見られました。『Jリート』の買い入れ枠は2014年10月末にそれまでの3倍となり、期待感は継続している一方で、「購入は各銘柄の発行残高の5％以内」という制限の上限に近づいている銘柄が多い実情もあります。

「今後、買い支えはどこまで効果を発揮するのか」――上限があるために購入できない場合には、条件が緩和される可能性もありますので、その点にも注目です。

以上のことを念頭に置きつつ、現在のJリート市場において、

「誰が買い支えているのか」
「価格上昇の〝けん引役〟になっているのか」
などといった点を注視し、その後の市場動向の予測に役立てましょう。

たとえば、収益性が見込めない国債から資金を移動させる金融機関の動向が、今後も継続するようであれば、「安定性があって、比較的高い収益が期待できる『Jリート』に資金が流入する可能性がある」といった仮説を立て、実際に分析・検証します。

また、金融機関や投資信託が相場をけん引する状況で、外国人投資家が好感する日銀

緩和のニュースがあれば、さらなる上昇の可能性も探ってみてください。

ほかにも、『ＲＥＩＴ』に振り向けられていた投資信託の資金が、円安が進むことで、その恩恵を受ける輸出関連企業や外国株へと流れることも考えられるでしょう。

各投資家にはそれぞれ特徴や事情があり、その売買状況によって、投資口価格の行方も変わります。表面上の投資口価格だけを眺めていてはわからないことも、一歩踏み込んで投資家の売買状況の推移にも目を向けると、新たな気づきに出逢うはずです。

第6章

読んで納得!! 学んで実践!!
目指すは分配金収入アップ

まずは王道の「コツコツ投資」で定期的に分配金を狙おう

中長期スタンスで確実に、着実に、儲けを増やしていく

これまでにも何度かお話ししましたが、本来、『Jリート』は中長期スタンスの投資で、継続して分配金を受け取る。いわば「インカムゲイン重視」の金融商品です。

このようなスタンスで始めても、**思いのほか投資口価格が上昇し、売却益が十分に得られそうだということで利益確定させる方もいらっしゃるでしょうが、まずは定期的に分配金を狙うスタンスで始めることをオススメします。**

決算は年2回ある投資法人がほとんどですので、投資金額が30万円、分配金利回りが3％の場合は、4500円の分配金を年2回受け取ることになります（※税引き前）。

ただし、このままでは発生した利息が元本に加えられ、再投資されていく。いわゆる「複利効果」は得られません。似た効果を得たいのであれば、その分を自分で再投資にまわすことになります。「NISA口座」であれば、分配金に税金が課されないので、すべての分配金額を再投資にまわすことも可能です。

とはいえ、タイミングや段取りをはかるのは、自分で行なう必要があります。

また受け取り分配金は、個別銘柄を購入するには半端な金額なので、『ETF（上場投資信託）』や投資信託の購入にあてる方法も有効でしょう。

もっとも分配金を10万円以上受け取れるような投資の場合、「個別銘柄に再投資する」という選択肢もあります。分配金利回りが3％（税引き後2・4％）だとすると、420万円程度の投資ということです。

多少、運用資金に余裕がある方は、分配金利回りや用途の異なる銘柄を2つ以上組み合わせて分散させる方法もオススメします。

たとえば、1つは分配金利回りが2％台の銘柄で手堅く押さえておいて、もう1つは3％後半のものを〝スパイス〟のような形で保有してみるのです。

『Jリート』は株式等に比べると、利回りは高めですが、そのなかでも平均より高い利回りの銘柄を保有することで、メリットである「分配金の恩恵を受ける」という考え方もアリだと思います。「投資に値する銘柄のなかで」が大前提ですが……。

そのほかにも、用途別の視点で「総合型と住居型」にしてみるなど、さまざまな組み合わせが考えられます。中長期の保有スタンスでは、市況の変化によって受けるリスクを極力分散できれば良いのではないでしょうか。

追加投資で高い分配金利回りを享受するのも選択肢の1つ

「分配金狙いだから、中長期で考えている」

とはいっても、投資口価格が下落すれば、やはり気分的には良くないもの。ただ、分配金利回りが3%だとすると、仮に投資口価格が10%下がったとしても、分配金額が変わらなければ、4年程度で〝ペイする〟という考え方もできます。

この考え方を「そうか、4年置いておけばトータルでマイナスにはならない程度か」と捉えるか、「4年も資金を寝かせておく？ 長過ぎるだろ‼」と捉えるかは、個人の考え方によりますので、何ともいえませんが……。

これが分配金利回りが5%程度あるとき（直近では2011年半ば～2012年後半くらい）は、2年半程度でペイしていたことを踏まえると、やはり安定した分配金の存在は強いと感じます。４年間も資金をそのままにしておくスタンスでいくかどうかは、個人の好みのほか、そのときの市況にもよります。機会損失にもなるため、ほかの投資に資金を振り向けたほうが良いと判断する方もいるでしょう。

「Jリート市場に将来はまだある」と踏むならば、投資口価格が下がったら、追加投資で高い分配金利回りを享受することも選択肢の1つです。基本的に『Jリート』は、投資口価格が下がれば、分配金利回りは上がるからです。

ただし、分配金もどんどん減少していく事態になれば、話は変わってきます。

なお、中長期のスタンスであっても、定期的なチェックは欠かせません。年２回ある決算のタイミングで、運用報告書等に目を通すこと以外にも、週１回５分程度、月１回10分程度、市場全体の動向を確認してください。

このくらいの時間であれば、すき間時間にできそうですね。

分配金がメインだけど……、ときには売却で利益確定もアリ

「1口は売却して利益確定、1口は継続保有」も賢い方法

「地道だけど、中長期で3％程度の分配金を継続してもらっていくのが良い」

投資を始めたときにはそう思っていても、相場が上昇してくるにつれ、「値上がりしたら、売却もアリかも……」と、迷いが生じる方も多いものです。

じつは私もそうでした。基本的には、中長期で見つつも、場合によっては売却して利益確定することもあります。「なぜ迷いが生じるのか」というと、以下に挙げる2つの考えが〝脳裏〟に浮かんでくるからではないでしょうか。

「投資口価格が下がらないうちに、利益確定させてしまいたい」

「まだ価格が上がるかもしれないから、もう少し待ったほうが良いかも……」

「どちらかに賭けるか」、もしくは「迷いに迷って決断できない」といった二者択一の考えに縛られるのではなく、「どちらもそこそこ満たす」「保有投資口のうち一部を売却する」という方法も検討してみてください。

自分の「読み」が当たれば利益は多くなりますが、多少少なくなっても確実に利益を手にすることを優先するのであれば、こちらも悪くはないはずです。

たとえば、投資口価格が30万円、分配金利回りが3％で2口購入した銘柄が、1口あたり40万円になった場合、以下の3パターンを比較してみます（※税金は考慮せず）。

①2口とも売却した場合　　　　　　：20万円の利益
②売却せず、2口とも継続保有の場合：1万8000円（年の分配金）
③1口売却、1口継続保有の場合　　：10万円の利益＋1万8000円（年の分配金）

①のパターンでは、確実に20万円を手にすることはできますが、投資口価格がさらに上昇した場合は、これ以上の利益は見込めません。

②のパターンは、安定的に分配金を得つつ、投資口価格の上昇余地を見ながら売却の

タイミングをはかりますが、もしも下落した場合は利益を逃すことになります。

分配金が変動する可能性もあるでしょう。

③が折衷案で、半分は利益を確実に得ておいて、残り半分に上昇余地を残し、その間は分配金を得る方法ですね。ただ②と同様に、分配金が変動する可能性はあります。

価格の動向によっては①や②を選択したほうがお得の場合もあり得ますが、どちらかを選び切れない方は、検討してみてはいかがでしょうか。

「利益確定させて、その資金を今度はどこで運用するか」――。

このような視点も大切です。

『Jリート』の場合、価格が上昇すれば、基本的に分配金利回りは下がりますので、「自分が享受している高い分配金利回りを捨ててまで売却したほうが良いのか」「『Jリート』以外に魅力的な投資先があるのか」といったことを考えてみます。

相場が過熱した場合、一旦は利益確定してキャッシュ化し、次に相場が下がるのを待つといったスタンスもアリなのですが……。その下落局面がいつなのか、本当に来るのかがわからないため、様子見で〝資金が寝てしまう〟リスクは否めません。

もしも投資口価格が順調に上昇している場合は……どう考える？

最終的にどの方法を選択するかは、好みの問題です。どれを選択しても、確実なのは「今、手にする利益だけ」であり、将来のことはある程度予測できたとしても、絶対ではありません。その点はきちんと認識しておいてください。

投資口価格が順調に上昇していった場合、「どの程度で売却すべきか」も悩みどころですね。1つの考え方としては、「売却益が分配金の何年分にあたるのか」を切り口に考えてみます。分配金利回りが３％のものを保有している場合、投資口価格が10％上昇で３年超分、20％上昇で７年弱分となります。分配金が５年以上分に相当するようになると、利益確定を考える方も多くなりそうです。

複数の投資口を保有する方は、さまざまな方法が可能になります。ただ、個別銘柄の場合は、２口以上を購入するとなると、どうしても運用資金が多くなります。

そこで同様の考え方で、『ファンド・オブ・ファンズ』や『ＥＴＦ（上場投資信託）』を上手く活用するのも一案です。

短期投資は有効なのか!? キャピタルゲイン狙いの留意点

「増資前」「大型テナント退去」「金融緩和の影響」は注視!!

もともと『Jリート』は、「インカムゲイン重視」で、且つ中長期スタンスの投資に適した特性を持っています。しかしながら、**『Jリート』が注目を浴び、市場への資金流入が増えるにつれ、短期売買目当ての資金も多くなることで、「今買ったら、キャピタルゲインが狙えるのでは?」といった思惑を抱く投資家も少なからず出てきます。**

中長期スタンスで投資をされている方にとっては、短期売買による資金に振りまわされることも多くなり、いささか迷惑な話だとは思いますが……。

とはいえ、どのような投資スタイルをとるかは、個人の自由です。短期投資で細かく利益を積み上げていく方もいらっしゃるでしょう。それも投資スタイルの1つですから、否定はしません。『Jリート』でも、価格の振れ幅が大きくなるときには、短期売買を目的とした資金も入ってきやすくなりますし、上手くタイミングさえ合えば、利益を得ることも可能でしょう。私自身は〝中長期派〟であり、短期投資はオススメしませんが、もし検討するならば、どんな点に注視すべきかをお話ししておきます。

①増資前

投資口が希薄化する可能性があることで、一般に「増資」は売られる要因になりがちです。仮にそのような懸念から、**一時的に投資口価格の下落があったとしても、「近い将来に分配金額上昇の達成が可能だ」と思われる計画がある場合は、「買うタイミング」ともいえます。**増資によっては、その時点で良質な物件取得が決まっており、「保有することが分配金額上昇に貢献する」と、最初からわかっていることも。

このような場合では、投資口価格が下落しないケースもあり得ますので、きちんと見極められるかがカギとなってきます。

②大型テナント退去

住居型の『Jリート』では、テナント数が多いため、通常の入退去が分配金に及ぼす影響は、あまり大きくないといえます。

一方、**物流施設や商業施設、オフィスビルは、1つのテナントが占める割合が大きいこともあり、退去があると少なからず分配金に影響を及ぼす可能性は高いです。**

退去やそれに伴う分配金予想に下落があり、投資口価格が下落した場合、そこを狙うという考え方もあります。退去というニュースだけで、一時的に売りが先行し、投資口価格が理論以上に下落したり、次のテナントが市場の想定よりも高い賃料で決まった場合には、その分、投資口価格が上昇する可能性があるためです。

ただし、次がどのくらいの賃料で決まるかを予測して、投資口価格を評価することは容易ではありません。想像以上に決定までに時間を要しますし、賃料が低かったなどで、投資口価格の下落につながるリスクが生じることもあるからです。

③金融緩和の影響

各銘柄の運用報告書等からもわかるように、金融緩和が続いている間は、多くの銘柄で金利低下による収益増が見られます。ただ今後は、その余地が少ないため、現在、好条件で資金調達をしているところは、これ以上の金利低下の恩恵を期待することは難しいでしょう。ほかの銘柄と比較して、現在の調達金利がまだ高めである場合は、もう一段の金利低下を見込み内部成長の可能性を探ることも考えられます。

このほかにも、突発的な出来事が起きて、価格が急落したときには、短期でキャピタルゲインが得られる可能性もあるでしょう。

２０１１年３月の東日本大震災時、「東証ＲＥＩＴ指数」は15％下落したのち、わずか半月ほどで回復しました。２０１３年５月〜６月、アメリカにおいてバーナンキ前ＦＲＢ議長が量的緩和縮小の可能性に言及したことがきっかけで、世界的な株安になるなか、『Ｊリート』も急落。東証ＲＥＩＴ指数は、安値をつけた６月末から３カ月で、15％程度上昇しました。

価格急落の要因が、直接『Jリート』の業績悪化等に由来しない場合、「状況が落ち着けば、資金が戻ってくる可能性がある」と踏んで、そこに〝賭ける〟という視点です。

ただし、マーケットでは「いつ」「何が起こるか」は、誰にもわかりません。

目論見がものの見事にはずれ、投資口価格が思ったほど回復しない可能性も大いにあり得ますので、資金を入れる際は慎重な姿勢が求められます。

一時的に価格の振れ幅が大きくなるケースもあり得ます

短期投資は日々の価格変動を利用して、利益を出すことも考えられます。

ちなみに、次ページの推移グラフを見ると、2015年3月〜5月末のおよそ3カ月間における最高値と最安値は、6％程度の変動です。

個別銘柄で短期投資を考える際には、東証REIT指数の変動を目安に個々の銘柄で価格変動の大きいものを探す方法もあります。

これまでの価格推移から、変動が大きい時期の前後に「何か要因がなかったのか」も踏まえつつ探っていくと、銘柄別の〝性格〟が見えてくるでしょう。

また投資家により売買状況には、それぞれ特徴があります。それが価格変動に反映されるケースも少なくありません。

ですので、投資口を保有する投資主の割合も併せて、もれなく確認しておくと良いでしょう。投資主の割合は、各投資法人のIR情報に掲載されています。

『Jリート』は、日々の値動きが大きいわけではないため、短期投資に向いている金融

»3カ月間の「東証REIT指数」の推移グラフ

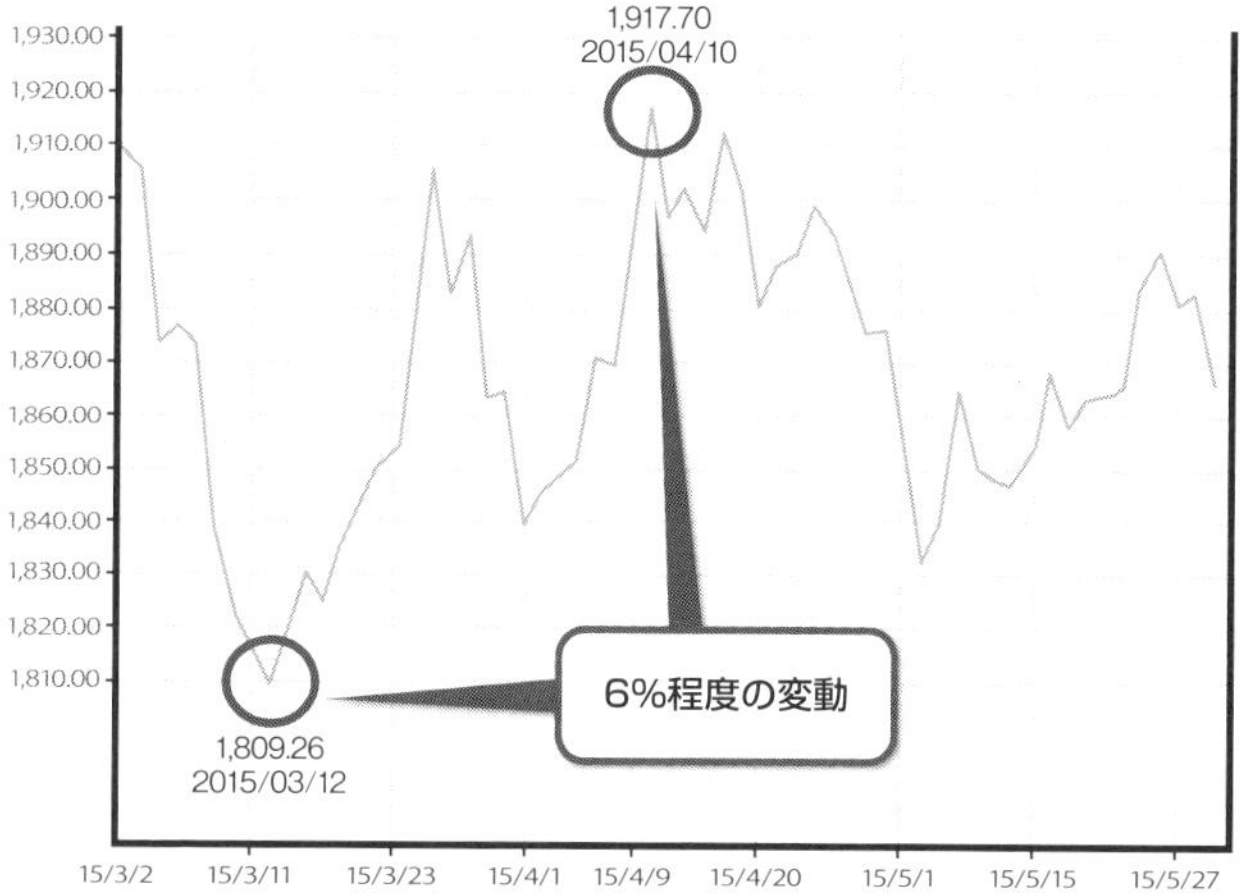

出典：東京証券取引所データより作成

商品とは言い難いのですが、興味がある方は検討してみてください。

ただし、冒頭でも述べましたように、市場への資金流入が急増すると、キャピタルゲイン狙いの投資家も出てきますので、それによって短期売買目当ての資金も多くなりがちです。**一時的に価格の振れ幅も大きくなる場面があり、それがまたさらなる短期資金流入の要因になることも……このあたりは留意しておいてください。**

中長期スタンスの方も、こうした動きがあることを把握しておきましょう。

1年中、分配金が受け取れる!? やり方次第では……実現可能です

自分のライフスタイルに見合った運用法を選ぼう

『Jリート』が株式と違う点の1つに、決算期がそれぞれの銘柄によって異なり、1年を通じてまんべんなく分散していることが挙げられます。

この利点は、分配金の受け取り方にも活用できますので、触れておきましょう。

通常の投資信託もそうですが、特に年金生活を送る世代の方たちには、定期的に分配金が受け取れる金融商品は、一定の人気があります。

一般に「分配金受取型」に対しては賛否両論があり、「再投資型」に比べ、「複利効果」が得られないのは、デメリットの1つ。ただ複利効果をどう捉えるかは、各人のライフスタイルや世代によっても変わってきます。たとえば、リタイア後の生活では「将来の複利効果よりも、毎月の生活費を増やしたい」という方もいらっしゃいます。「複利効果は別の金融商品で享受する」といった考えをお持ちの方もいるでしょう。

大切なのは、自分のライフスタイルと、それに見合う運用法を選ぶことです。

一概に、運用はすべて複利効果が最優先ではないと感じます。

『ETF（上場投資信託）』を活用。目指すは毎月分配金!!

話を戻しましょう。『Jリート』は決算期が1年を通じてまんべんなく分散しているため、**銘柄の組み合わせによっては、毎月分配金を受け取ることが可能です。**

なお、全銘柄の決算期は、既出のサイト「http://www.japan-reit.com/」の「利回り一覧」ページで確認できます。月別順にも並べ替えが可能なので、組み合わせを考える際に利用すると便利です。仮に２０１５年7月時点では、格付け「ＡＡ」以上で決算月を意識してポートフォリオを組む場合、２１７ページの銘柄から選択することになります。

4月／10月決算に該当する銘柄が1つしかないのは、格付けが「Ａ」や未取得の銘柄が多いためです。「ＡＡ」にこだわらない方は、選択肢を広げてみても良いでしょう。

運用用途をなるべく分散することも考慮して、次ページの個別銘柄のうち、「※」印がついた銘柄でポートフォリオを組んだ場合、総投資金額は194万円程度、年間に受け取る分配金額は6・3万円程度（利回り：およそ3・2％）となります（※2015年7月時点・税引き前）。実際の投資金額や分配金額は〝時期〟によって変動しますので、1つの目安として捉えてください。ただ個別銘柄では、どうしても投資金額が大きくなるため、ある程度まとまった運用資金がある方向けにはなります。

現在は、『ファンド・オブ・ファンズ』や『ETF（上場投資信託）』を活用することで、もう少し運用資金を抑えた形で、毎月分配金を受け取ることが可能です。

『ETF（上場投資信託）』で見てみると、2015年7月時点で「東証REIT指数連動型」のものは5銘柄あります（95ページ参照）。

このうち以下の3銘柄を購入すると、毎月分配となります。

◎1343　NEXT FUNDS 東証REIT指数連動型上場投信
◎1595　NZAM 上場投信 東証REIT指数
◎1597　MAXIS　Jリート上場投信

»決算時期が異なる銘柄を組み合わせて毎月分配金を!!

1月/7月に決算

8957　東急リアル・エステート投資法人(複合型)
8967　日本ロジスティクスファンド投資法人(物流施設)
3234　森ヒルズリート投資法人(オフィスビル)
3269　アドバンス・レジデンス投資法人(住居)※
3292　イオンリート投資法人(商業施設)

2月/8月に決算

8953　日本リテールファンド投資法人(商業施設)
8954　オリックス不動産投資法人(総合型)
8968　福岡リート投資法人(総合型)
8984　大和ハウス・レジデンシャル投資法人(住居)※
3226　日本アコモデーションファンド投資法人(住居)
3263　大和ハウスリート投資法人(総合型)
3281　GLP投資法人(物流施設)
3285　野村不動産マスターファンド投資法人(複合型)

3月/9月に決算

8952　ジャパンリアルエステイト投資法人(オフィスビル)※
8958　グローバル・ワン不動産投資法人(オフィスビル)
8961　森トラスト総合リート投資法人(総合型)
8973　積水ハウス・SIレジデンシャル投資法人(住居)

4月/10月に決算

3309　積水ハウス・リート投資法人(総合型)※

5月/11月に決算

8960　ユナイテッド・アーバン投資法人(総合型)※
8976　大和証券オフィス投資法人(オフィスビル)
3240　野村不動産レジデンシャル投資法人(住居)
3279　アクティビア・プロパティーズ投資法人(総合型)
3283　日本プロロジスリート投資法人(物流施設)

6月/12月に決算

8951　日本ビルファンド投資法人(オフィスビル)
8955　日本プライムリアルティ投資法人(複合型)
8964　フロンティア不動産投資法人(商業施設)※
8987　ジャパンエクセレント投資法人(オフィスビル)
3249　産業ファンド投資法人(複合型)

売買単位はすべて10口ですので、仮に２０１５年７月時点の「東証ＲＥＩＴ指数」の数値である１７５０を使うと、「１７５０×10口×３銘柄＝５万２５００円」程度の資金から運用が可能です。

以前は、毎月分配金を受け取るには、個別銘柄でそろえなければならなかったため、多くの運用資金が必要でした。それが『ファンド・オブ・ファンズ』や『ＥＴＦ（上場投資信託）』の登場で、少額資金からでも運用が可能となり、且つ毎月分配金も受け取れるようになったのです。手元資金が少ない若い世代の方や、資金はあるけれど様子を見ながら少しずつ始めたい方には、手掛けやすいのではないでしょうか。

なお留意点としては、東証ＲＥＩＴ指数が、全銘柄の時価総額を加重平均して算出される指数であるため、時価総額の大きな銘柄（オフィスビル）の影響をより受けるという点です。つまり結果的には、現在、時価総額の大きいオフィス系に多く投資していることになるわけです。『ＥＴＦ（上場投資信託）』と、何か個別銘柄を組み合わせてポートフォリオを考える際には、この点も踏まえておく必要があります。

〈著者紹介〉

北野 琴奈（きたの ことな）

◎ファイナンシャル・プランナー（日本ファイナンシャル・プランナーズ協会CFP®認定者）
◎ 1974 年北海道生まれ。津田塾大学英文学科卒業後、会社員を経て独立。
◎実践型 FP として資産運用、不動産投資・賃貸経営、キャリアなどに関する講演、執筆、コンサルティング等を行なう。
◎会社員時代に、資産運用の大切さを痛感し、ファイナンシャル・プランナーの上級資格である CFP® を取得。2001 年頃より不動産投資・経営についての勉強を始める。自らポートフォリオを組み、金融・不動産を含めた資産を形成・運用中。実物不動産は 6 棟のアパート・マンション、計 104 室まで保有。海外にもチャレンジし、米国の物件購入に至る。テレビ、新聞、雑誌等のメディア媒体への出演・取材協力多数。

http://kotonakitano.com/

賢く貯めて、上手に資産運用
はじめての人の J-REIT
基礎知識 & 儲けのポイント

2015 年 9 月 16 日　　第 1 刷発行

著　者——北野 琴奈

発行者——徳留 慶太郎

発行所——株式会社すばる舎

東京都豊島区東池袋 3-9-7 東池袋織本ビル　〒 170-0013
TEL　03-3981-8651（代表）　03-3981-0767（営業部）

振替　00140-7-116563

http://www.subarusya.jp/

印　刷——中央精版印刷株式会社

落丁・乱丁本はお取り替えいたします

ISBN978-4-7991-0421-7